Learn French With Short Stories Parallel French & English Vocabulary for Beginners

Clara's New Home in Lyon: Settling into French Life

French Hacking

Copyright © 2024 French Hacking

All rights reserved. No part of this publication may be reproduced, distributed or transmitted in any form or by any means, including photocopying, recording, or other electronic or mechanical methods, without the prior written permission of the publisher, except in the case of brief quotations embodied in critical reviews and certain other non-commercial uses permitted by copyright law.

Trademarked names appear throughout this book. Rather than use a trademark symbol with every occurrence of a trademarked name, names are used in an editorial fashion, with no intention of infringement of the respective owner's trademark. The information in this book is distributed on an "as is" basis, without warranty. Although every precaution has been taken in the preparation of this work, neither the author nor the publisher shall have any liability to any person or entity with respect to any loss or damage caused or alleged to be caused directly or indirectly by the information contained in this book.

"One language sets you in a corridor for life. Two languages open every door along the way."

- Frank Smith

French Hacking

French Hacking is a revolutionary educational language learning company focused on teaching individuals how to learn French in the shortest time possible. Our mission is for our students to develop a command of the French language by utilizing the hacks, tips, and tricks included in the learning materials we create. We want our students to become confident in their speaking abilities as they advance their conversational skills by teaching what's necessary without having to learn the finer details that don't make much of a difference or aren't even used in the real world.

Unlike our competitors, who have books geared toward multiple languages, our language learning books are dedicated exclusively to learning French. Our focus on only one language allows us to truly concentrate on creating superior educational materials.

Our books are created by native French speakers and then put through a vigorous editing process with two more native French editors and proofreaders to ensure the highest quality content. Rest assured that you are learning proper grammar and syntax as you read through our books.

The unique formatting of our books will give you the best experience possible as you learn French! The bilingual English and French text appear side-by-side for easy reference without needing a dictionary. With fun images for each chapter, you will better visualize the scenes within the story and stay engaged. Reading is an immersive experience, and we want to make learning fun and enjoyable.

There are no other books like ours on the market. Let us help accelerate your journey to learn French with our fun and effective educational materials that make learning French a breeze!

About this book

This book offers a distinctive approach to mastering French through an immersive experience, blending delightful storytelling with a practical learning format.

As you embark on this adventure, you will notice that each chapter is presented twice: once in French alone and once in parallel text with side-by-side translations, featuring the original French text alongside its English counterpart. Our goal is to provide you with an authentic and engaging way to learn French as it is spoken and written.

We want to highlight that the English translations are crafted from the original French, focusing primarily on conveying the meaning and essence of the text. This means that, at times, the translations might not follow the typical structures or idioms of standard English. Such instances are intentional, aiming to give you a deeper understanding of the French language, including its unique expressions and nuances.

This method encourages you to think in French, rather than simply translating words. As you progress through the stories, you will find yourself naturally grasping the French language, appreciating its beauty, and understanding its context more clearly.

Who's it for?

This book is written for students who are just starting out, all the way to intermediate French learners (if you're familiar with the Common European Framework of Reference - CEFR, it would be the equivalent to A1-B1).

Why you'll enjoy this book

- Not a kid's story, they have too many wizards and animals that you don't use in everyday speech.
- The story line is interesting and something you can relate to, unlike children's books.
- There is relevant vocab you can use right away which will motivate you to read more.
- No dictionary needed as there are easy to follow translations next to each paragraph.

How to get the most out of this book

1. Read the chapter all in French and see how much you can pick up on.
2. Read the side by side French/English section to fill in any gaps you weren't able to understand.
3. Download the audio and have a listen.
4. Listen to the audio while simultaneously reading the story.

BONUS!

Enhance your learning experience with a complimentary Audiobook and PDF of this book! Discover the details on the back page.

Table of Contents

Main characters 1
1. Jour de fête 2
2. L'état des lieux et le déménagement 14
3. L'installation dans l'appartement, un jour férié 27
4. Nouvelle dispute entre Clara et Julien 40
5. Dîner de réconciliation 52
6. Révisions intenses pour les partiels 65
7. Un nouveau travail pour Clara ! 78
8. Une fin de mois bien remplie 91
9. En mai, fais ce qu'il te plaît ! 103
10. Le festival des nuits sonores 115
Bonus 1 126
Bonus 2 128
Answers 141

Main characters

The French family:

1. Jour de fête

Ah ! Le **début** du mois de mai… Le mois préféré de beaucoup de français ! En effet, le début du mois de mai offre deux **jours** de **fête** très appréciés, car ils sont **fériés**. À sept jours d'intervalle, les Français ont un jour de **congé**. **En fonction du** jour de la semaine sur **lequel** cela tombe, ces jours donnent l'occasion aux **travailleurs** de partir en **vacances** : si ce sont des lundis ou des vendredis, on a deux week-ends de trois jours. Quand ils tombent un jeudi ou un mardi, on peut **parfois** prendre un jour de congé les vendredis ou les lundis, et on a alors deux week-ends de quatre jours ! Mais quand les jours fériés sont un samedi ou un dimanche, c'est une mauvaise année : pas de jours fériés.

Cette **année**-là, ces deux fêtes sont des lundis. Et c'est très **bienvenu**, car les filles doivent déménager et s'installer, et elles sont très contentes d'avoir un peu de bonus pour prendre leur temps.

Début (m) (nom commun) : beginning
Jour (m) (nom commun) : day
Fête (f) (nom commun) : party, celebration
Férié (adjectif) : public holiday
Congé (m) (nom commun) : day off
En fonction de (locution prépositionnelle) : depending on

Lequel (pronom) : which
Travailleur (m) (nom commun) : worker
Vacances (f, pl) (nom commun) : holidays
Parfois (adverbe) : sometimes
Année (f) (nom commun) : year
Bienvenu (adjectif) : welcome

« Mais c'est quoi, ces jours de fête ? Des fêtes religieuses ? demande Clara à Céline.

- Ah, pas du tout. Ce sont deux fêtes très différentes. Mais la première, le premier mai, tu la connais : c'est la fête du Travail ! répond Céline.

- Oh, c'est **drôle**, aux États-Unis, c'est en septembre ! s'étonne Clara.

- Oui, c'est drôle, car il me semble que c'est célébré le premier mai dans de très nombreux **pays**...

- Et le 8 mai, c'est quoi qu'on fête ? poursuit Clara.

- Alors, le 8 mai, c'est la fête de l'Armistice, répond encore Céline. La célébration de la fin de la **guerre**.

- De quelle guerre ?

- C'est la fin de la guerre en Europe, le 8 mai 1945. C'est un jour très important : la fin officielle de la Seconde Guerre mondiale, la capitulation de l'Allemagne et la victoire des alliés. C'est la **paix** revenue dans une Europe **dévastée** par la guerre, après deux guerres mondiales ! En France, l'un des **épicentres** des deux guerres, on a ce souvenir **ancré** dans les **mémoires**, explique Céline.

- Ça va être super intéressant, s'exclame Clara. Et pour le premier mai, vous faites quoi ?

- On fait la fête ! Il y a un **défilé** festif dans la rue, plus comme une **manifestation**, explique encore Céline. C'est l'occasion pour les Français de rappeler à l'État que les syndicats sont présents pour lutter pour les **droits** des travailleurs. En France, les travailleurs sont très protégés par la **loi** : temps de travail, vacances, respect de la vie de famille, respect des genres et de la vie privée, respect des temps de vacances, contrats, salaires. Et nous considérons

généralement que c'est très important. Tu verras, c'est très joyeux dans la rue.

- Génial. J'ai hâte de voir ça ! » se réjouit Clara.

Drôle (adjectif) : funny
Pays (m) (nom commun) : country
Guerre (f) (nom commun) : war
Paix (f) (nom commun) : peace
Dévasté (adjectif) : devastated
Épicentre (m) (nom commun) : epicenter
Ancré (adjectif) : rooted
Mémoire (f) (nom commun) : memory
Défilé (m) (nom commun) : parade
Manifestation (f) (nom commun) : protest
Droit (m) (nom commun) : right
Loi (f) (nom commun) : law

Ce petit cours d'histoire moderne donne à Clara l'occasion d'un nouvel article dans son blog. C'est aussi très rassurant de savoir qu'elles vont avoir du temps pour déménager. Elle a aussi hâte de voir les défilés du premier mai et de l'armistice : car Céline lui **explique** également que pour l'armistice, l'**armée** défile dans la rue.

Le premier lundi du mois de mai, les filles se réveillent un peu **tard** et prennent leur temps. Elles prennent le café ensemble avec les parents de Céline et Mattéo. En fin de matinée, elles vont chercher les **clés** de leur nouvel appartement. Elles auront les clés mais doivent encore faire l'état des lieux avant d'emménager. L'état des lieux est prévu pour le lendemain soir. Mais avoir les clés représente déjà quelque chose d'important pour elles : elles ont un « chez moi ! »

Elles retournent voir l'appartement **en vitesse** en début d'après-midi, juste **pour le plaisir**, puis elles se rendent à pied jusqu'à la place Bellecour, en plein centre de Lyon, pour participer au défilé du premier mai. Clara est impressionnée : il y a **beaucoup de monde**, des **chars** avec de la musique, les gens tiennent de grandes **banderoles** avec des messages politiques. Elles retrouvent Max, un **militant** de toutes les **luttes**. Il est toujours dans les manifestations et se tient informé des nouvelles **réformes**.

Expliquer (verbe) : to explain

Armée (f) (nom commun) : army
Tard (adverbe) : late
Clé (f) (nom commun) : key
En vitesse (locution adverbiale) : quickly
Pour le plaisir (locution adverbiale): for pleasure, for the pleasure
Beaucoup de monde (locution adverbiale) : a lot of people
Char de musique (m) (nom commun) : bandwagon
Banderole (f) (nom commun) : banner
Militant (m) (nom commun) : activist
Lutte (f) (nom commun) : struggle
Réforme (f) (nom commun) : reform

Clara **se rend compte** qu'en France, quel que soit l'âge ou le statut social, on s'intéresse de près à la politique. On n'a pas besoin d'avoir fait de hautes études ou d'avoir un intérêt particulier : tout le monde s'intéresse à la politique et tout le monde a quelque chose à dire. En général, bien sûr, les Français ne sont pas contents des nouvelles réformes. Les lois sont souvent difficiles à faire passer. Mais **au moins**, se dit-elle, le **peuple** est attentif à son **sort**. Elle trouve que les Français ont raison de protester, car il faut toujours être vigilant.

Elle est encore plus impressionnée de voir les chars de police présents sur la manifestation. C'est très **encadré** ! C'est aussi assez conflictuel. « La police et les Français ne sont pas très copains, » explique Max. Surtout quand il y a une manifestation, bien sûr. Les messages sur les banderoles portent sur différentes choses : l'âge de la **retraite**, la sécurité sociale, l'**augmentation** des **salaires** sont quelques exemples. Max explique beaucoup de choses à Clara au sujet des lois françaises sur le travail. Et ça tombe bien, car Clara va peut-être bientôt travailler. Elle apprend le fonctionnement des contrats, des jours de congé, la **cotisation**, les impôts.

La fin de la journée se déroule en suivant le **cortège** jusqu'à la place des Terreaux, en musique, très festif. À la fin du défilé, les trois amis se rendent dans un bistrot de la place des Terreaux pour prendre un café et une petite bière. Le jour de fête est déjà fini, et il va falloir aller à la fac demain – et au travail pour Max. Mais la semaine va être plus **courte**, et c'est un vrai plaisir de commencer une semaine de quatre jours **seulement** !

Se rendre compte (verbe) : to realize
Au moins (locution adverbiale) : at least

Peuple (m) (nom commun) : people
Sort (m) (nom commun) : fate
Encadré (adjectif) : controlled, supervised
Retraite (f) (nom commun) : retirement
Augmentation (f) (nom commun) : increase
Salaire (m) (nom commun) : salary
Cotisation (f) (nom commun) : contributions
Cortège (m) (nom commun) : procession
Court (adjectif) : short
Seulement (adverbe) : only

Questions (Chapitre 1)

1. Qu'est-ce qu'un jour férié ? (Plusieurs réponses possibles)
a) Un jour durant lequel on travaille
b) Un jour durant lequel on ne travaille pas
c) Un jour durant lequel les travailleurs peuvent partir en vacances
d) Un jour de congé

2. Cette année, quel est le jour des deux fêtes du mois de mai ?
a) Le lundi
b) Le samedi
c) Le dimanche
d) Le jeudi

3. Que célèbre t-on le premier mai ?
a) L'Armistice
b) Pâques
c) Le déménagement des filles
d) La fête du Travail

4. Que célèbre t-on le 8 mai ? (Plusieurs réponses possibles)
a) La fin de la guerre
b) La fête du Travail
c) L'Armistice
d) La fin des cours

5. Que vont chercher les filles avant d'aller au défilé du premier mai ?
a) Des cafés
b) Des banderoles
c) Les clés de l'appartement
d) Quelque chose à manger

1. Jour de fête

Ah ! Le début du mois de mai... Le mois préféré de beaucoup de français ! En effet, le début du mois de mai offre deux jours de fête très appréciés, car ils sont fériés. À sept jours d'intervalle, les Français ont un jour de congé. En fonction du jour de la semaine sur lequel cela tombe, ces jours donnent l'occasion aux travailleurs de partir en vacances : si ce sont des lundis ou des vendredis, on a deux week-ends de trois jours. Quand ils tombent un jeudi ou un mardi, on peut parfois prendre un jour de congé les vendredis ou les lundis, et on a alors deux week-ends de quatre jours ! Mais quand les jours fériés sont un samedi ou un dimanche, c'est une mauvaise année : pas de jours fériés.

Cette année-là, ces deux fêtes sont des lundis. Et c'est très bienvenu, car les filles doivent déménager et s'installer, et elles sont très contentes d'avoir un peu de bonus pour prendre leur temps.

« Mais c'est quoi, ces jours de fête ? Des fêtes religieuses ? demande Clara à Céline.

- Ah, pas du tout. Ce sont deux fêtes très différentes. Mais la première, le premier mai, tu la connais : c'est la fête du Travail ! répond Céline.

- Oh, c'est drôle, aux États-Unis, c'est

1. Day of celebration

Ah, the beginning of May... France's favorite month! Indeed, the beginning of May offers two much appreciated days of celebration because they are public holidays. Every seven days, the French have a day off. Depending on which day of the week it falls on, these days give workers the opportunity to go on vacation; if they are Mondays or Fridays, we have two three-day weekends. When they fall on a Thursday or Tuesday, we can sometimes take a day off on Fridays or Mondays, and then we have two four-day weekends! But when the holidays fall on a Saturday or Sunday, it's a bad year: no holidays.

This year, both holidays are on Mondays. And that's very welcome because the girls have to move and settle in, and they're very happy to have a little bonus to take their time.

"But what are these festive days? Religious holidays? Clara asks Céline.

- Ah, not at all. They're two very different holidays. But the first one, May 1st, you know it; it's Labor Day! replies Céline.

- Oh, that's funny, in the U.S., that's

en septembre ! s'étonne Clara.

- Oui, c'est drôle, car il me semble que c'est célébré le premier mai dans de très nombreux pays…

- Et le 8 mai, c'est quoi qu'on fête ? poursuit Clara.

- Alors, le 8 mai, c'est la fête de l'Armistice, répond encore Céline. La célébration de la fin de la guerre.

- De quelle guerre ?

- C'est la fin de la guerre en Europe, le 8 mai 1945. C'est un jour très important : la fin officielle de la Seconde Guerre mondiale, la capitulation de l'Allemagne et la victoire des alliés. C'est la paix revenue dans une Europe dévastée par la guerre, après deux guerres mondiales ! En France, l'un des épicentres des deux guerres, on a ce souvenir ancré dans les mémoires, explique Céline.

- Ça va être super intéressant, s'exclame Clara. Et pour le premier mai, vous faites quoi ?

- On fait la fête ! Il y a un défilé festif dans la rue, plus comme une manifestation, explique encore Céline. C'est l'occasion pour les Français de rappeler à l'État que les syndicats sont présents pour lutter pour les droits des travailleurs. En France, les travailleurs sont

in September! Clara is surprised.

- Yes, it's funny, because it seems to me that it's celebrated on May 1st in many countries…

- And what do we celebrate on May 8th? continues Clara.

- Well, May 8 is Armistice Day, replies Céline again. The celebration of the end of the war.

- What war?

- It's the end of the war in Europe, May 8, 1945. It's a very important day; the official end of the Second World War, the surrender of Germany, and the victory of the Allies. Peace returned to a Europe devastated by war, after two world wars! In France, one of the epicenters of both wars, this memory is deeply rooted, explains Céline.

- It's going to be really interesting, exclaims Clara. And what are you doing for May Day?

- We celebrate! There's a festive parade in the street, more like a demonstration, explains Céline. It's an opportunity for the French to remind the government that unions are there to fight for workers' rights. In France, workers are very well protected by law; working hours,

très protégés par la loi : temps de travail, vacances, respect de la vie de famille, respect des genres et de la vie privée, respect des temps de vacances, contrats, salaires. Et nous considérons généralement que c'est très important. Tu verras, c'est très joyeux dans la rue.

- Génial. J'ai hâte de voir ça ! » se réjouit Clara.

Ce petit cours d'histoire moderne donne à Clara l'occasion d'un nouvel article dans son blog. C'est aussi très rassurant de savoir qu'elles vont avoir du temps pour déménager. Elle a aussi hâte de voir les défilés du premier mai et de l'armistice : car Céline lui explique également que pour l'armistice, l'armée défile dans la rue.

Le premier lundi du mois de mai, les filles se réveillent un peu tard et prennent leur temps. Elles prennent le café ensemble avec les parents de Céline et Mattéo. En fin de matinée, elles vont chercher les clés de leur nouvel appartement. Elles auront les clés mais doivent encore faire l'état des lieux avant d'emménager. L'état des lieux est prévu pour le lendemain soir. Mais avoir les clés représente déjà quelque chose d'important pour elles : elles ont un « chez moi ! »

Elles retournent voir l'appartement en vitesse en début d'après-midi, juste pour le plaisir, puis elles se

vacations, respect for family life, respect for gender and privacy, respect for vacation time, contracts, wages. And we generally consider this to be very important. You'll see, it's very cheerful on the street.

- Awesome. I can't wait to see it!" Clara enthuses.

This short lesson in modern history gives Clara the opportunity for a new blog post. It's also very reassuring to know that they'll have time to move. She's also looking forward to seeing the May Day and Armistice parades because Céline also explains that for Armistice Day, the army marches through the streets.

The first Monday in May, the girls wake up a little late and take their time. They have coffee together with Céline and Mattéo's parents. At the end of the morning, they pick up the keys to their new apartment. They'll get the keys but still have to do an inventory of fixtures before moving in. The inventory is scheduled for the following evening. But having the keys already represents something important for them; they have a "home"!

They rush back to the apartment in the early afternoon, just for fun, then they walk to Place Bellecour,

rendent à pied jusqu'à la place Bellecour, en plein centre de Lyon, pour participer au défilé du premier mai. Clara est impressionnée : il y a beaucoup de monde, des chars avec de la musique, les gens tiennent de grandes banderoles avec des messages politiques. Elles retrouvent Max, un militant de toutes les luttes. Il est toujours dans les manifestations et se tient informé des nouvelles réformes.

Clara se rend compte qu'en France, quel que soit l'âge ou le statut social, on s'intéresse de près à la politique. On n'a pas besoin d'avoir fait de hautes études ou d'avoir un intérêt particulier : tout le monde s'intéresse à la politique et tout le monde a quelque chose à dire. En général, bien sûr, les Français ne sont pas contents des nouvelles réformes. Les lois sont souvent difficiles à faire passer. Mais au moins, se dit-elle, le peuple est attentif à son sort. Elle trouve que les Français ont raison de protester, car il faut toujours être vigilant.

Elle est encore plus impressionnée de voir les chars de police présents sur la manifestation. C'est très encadré ! C'est aussi assez conflictuel. « La police et les Français ne sont pas très copains, » explique Max. Surtout quand il y a une manifestation, bien sûr. Les messages sur les banderoles portent sur différentes choses : l'âge de la retraite, la sécurité sociale, l'augmentation des salaires sont

in the center of Lyon, to take part in the May Day parade. Clara is impressed; there are lots of people, floats with music, people holding big banners with political messages. They meet up with Max, an activist in all the struggles. He's always at the demonstrations and keeps himself abreast of new reforms.

Clara realizes that in France, regardless of age or social status, people take a keen interest in politics. You don't need to be highly educated or have a particular interest; everyone is interested in politics and everyone has something to say. In general, of course, the French are not happy with new reforms. Laws are often difficult to pass. But at least, she says to herself, the people are attentive to their fate. She thinks the French are right to protest because we must always be vigilant.

She is even more impressed to see the police tanks present at the demonstration. It's very supervised! It's also quite confrontational. "The police and the French aren't very friendly," explains Max. Especially when there's a demonstration, of course. The messages on the banners are about different things: retirement age, social security, higher wages are just a few examples. Max explains a

quelques exemples. Max explique beaucoup de choses à Clara au sujet des lois françaises sur le travail. Et ça tombe bien, car Clara va peut-être bientôt travailler. Elle apprend le fonctionnement des contrats, des jours de congé, la cotisation, les impôts.

La fin de la journée se déroule en suivant le cortège jusqu'à la place des Terreaux, en musique, très festif. À la fin du défilé, les trois amis se rendent dans un bistrot de la place des Terreaux pour prendre un café et une petite bière. Le jour de fête est déjà fini, et il va falloir aller à la fac demain – et au travail pour Max. Mais la semaine va être plus courte, et c'est un vrai plaisir de commencer une semaine de quatre jours seulement !

lot to Clara about French labor laws. And that's good because Clara may be going to work soon. She learns about contracts, days off, contributions, taxes.

The day ends with a festive procession to the Place des Terreaux, complete with music. At the end of the parade, the three friends go to a bistro on the Place des Terreaux for a coffee and a small beer. The day of celebration is already over, and they'll have to get to college tomorrow - and back to work for Max. But the week is going to be shorter, and it's a real pleasure to start a week of only four days!

Questions (Chapitre 1)

1. Qu'est-ce qu'un jour férié ? (Plusieurs réponses possibles)
a) Un jour durant lequel on travaille
b) Un jour durant lequel on ne travaille pas
c) Un jour durant lequel les travailleurs peuvent partir en vacances
d) Un jour de congé

2. Cette année, quel est le jour des deux fêtes du mois de mai ?
a) Le lundi
b) Le samedi
c) Le dimanche
d) Le jeudi

3. Que célèbre t-on le premier mai ?
a) L'Armistice
b) Pâques
c) Le déménagement des filles
d) La fête du Travail

4. Que célèbre t-on le 8 mai ? (Plusieurs réponses possibles)
a) La fin de la guerre
b) La fête du Travail
c) L'Armistice
d) La fin des cours

5. Que vont chercher les filles avant d'aller au défilé du premier mai ?
a) Des cafés
b) Des banderoles
c) Les clés de l'appartement
d) Quelque chose à manger

Questions (Chapter 1)

1. What is a public holiday? (Several answers possible)
a) A day on which we work
b) A day on which we don't work
c) A day on which workers can go on vacation
d) A day off work

2. This year, what day are the two May bank holidays?
a) Monday
b) Saturday
c) Sunday
d) Thursday

3. What is celebrated on May 1st?
a) Armistice Day
b) Easter
c) Girls' moving day
d) Labor Day

4. What is celebrated on May 8? (Several answers possible)
a) The end of the war
b) Labour Day
c) Armistice Day
d) End of school

5. What will the girls look for before going to the May Day parade?
a) Coffee
b) Banners
c) Apartment keys
d) Something to eat

2. L'ÉTAT DES LIEUX ET LE DÉMÉNAGEMENT

En rentrant de l'université, le soir, Clara et Céline sont surexcitées. Elles vont faire l'état des lieux de leur nouvel appartement de la rue Duviard : vérifier l'état de l'appartement en entrant et signer les papiers. Après ça, elles seront **libres** de déménager leurs **meubles** et leurs **affaires** ! Elles retrouvent Florence à la sortie de la fac de Clara, à l'université Lyon II, sur les quais, en **voiture**, et elles vont toutes les trois vers la Croix-Rousse, leur nouveau quartier.

Florence trouve facilement de la place pour se garer. Elles **grimpent** les trois étages à pied et ouvrent la porte. L'appartement, vide, semble grand. Il est vraiment charmant et en bon état. La propriétaire arrive avec dix minutes de retard. Florence, pendant ce temps, explique aux filles : « Dans l'état des lieux entrant, il faut noter tout ce qu'on voit, absolument tout. Car s'il y a des **dégâts** constatés pour l'état des lieux sortant, les dégâts qui n'ont pas été notés à l'entrée pourraient leur être reprochés. Le locataire paye pour ce qui a été **abîmé**, par exemple si une **prise** a été arrachée, s'il y a un **trou** dans le **mur**, ou si l'**évier** est mal fixé. »

Libre (adjectif) : free
Meuble (m) (nom commun) : furniture item

Affaires (f, pl) (nom commun) : belongings
Voiture (f) (nom commun) : car
Grimper (verbe) : to climb
Dégât (m) (nom commun) : damage
Abîmé (adjectif) : damaged
Prise (f) (nom commun) : plug socket
Trou (m) (nom commun) : hole
Mur (m) (nom commun) : wall
Évier (m) (nom commun) : sink

Quand la propriétaire arrive, c'est l'**inspection** complète de l'appartement, des murs au **plafond** : les fenêtres, les **chauffages**, la salle de bain, la cuisine, les prises électriques, les **plinthes**. Florence note la moindre **rayure** sur le **plancher** de la mezzanine, la moindre **trace** sur les murs. Heureusement qu'elle est là et qu'elle s'y connaît, car les filles n'auraient pas su le faire.

Les papiers sont ensuite signés. Céline et Clara sont les locataires, Florence et Patrick sont les **garants**. Garant, explique Florence, cela veut dire que les parents de Céline s'engagent à payer le **loyer** si les étudiantes ne payent pas. Il y a beaucoup de documents à signer. C'est très officiel, car le propriétaire et le locataire sont chacun protégés par la loi. Il faut certifier que l'on est d'accord sur tout et que l'on sait quels sont nos droits et nos **devoirs**.

Inspection (f) (nom commun) : control, inspection
Plafond (m) (nom commun) : ceiling
Chauffage (m) (nom commun) : heating
Plinthe (f) (nom commun) : baseboard
Rayure (f) (nom commun) : scratch
Plancher (m) (nom commun) : floor
Trace (f) (nom commun) : mark, stain
Garant (m) (nom commun) : responsible for
Loyer (m) (nom commun) : rent
Devoir (m) (nom commun) : duty

Une fois tout ceci fait, la propriétaire, très **gentille**, explique comment mettre en route l'électricité et l'**eau courante**. Il faut prendre les numéros de **compteurs** et appeler l'EDF (Electricité de France) et la compagnie pour l'eau. Ainsi, ils **branchent** l'appartement sur le système, et les filles commenceront à payer des factures sur leur consommation d'**énergie** et d'eau.

Et voilà ! La propriétaire s'en va, et Céline et Clara sont chez elles ! Florence a apporté une surprise : une demi-bouteille de champagne et trois verres. « Il faut fêter ça, quand même, » dit-elle en souriant. Elles boivent un petit verre chacune, en regardant par la **fenêtre**. Le plafond est très **haut**, l'arrière-cour est très calme. On entend même les **oiseaux**.

Le soir, en rentrant, elles découvrent avec plaisir que Patrick et Mattéo ont préparé le dîner. Mattéo demande quand les filles vont déménager : la réponse est samedi prochain, car il faut un peu de temps pour bouger tous les meubles et l'**électroménager**. Mais avant cela, chaque jour, elles apporteront quelques **cartons** : les livres, les ustensiles de cuisine, leurs affaires de cours. Tout ce qui n'a pas besoin d'être véhiculé. Les filles ont déjà demandé à leurs amis de venir les aider le samedi pour porter les lits, les armoires, le frigidaire. Christophe va venir, Julien et Max aussi, Valentine, qui est moins **costaud** mais toujours contente d'aider. Elle promet d'apporter quelques bières.

Gentil (adjectif) : kind
Eau courante (f) (nom commun) : running water
Compteur (m) (nom commun) : meter
Brancher (verbe) : to connect
Énergie (f) (nom commun) : power
Fenêtre (f) (nom commun) : window
Haut (adjectif) : high
Oiseau (m) (nom commun) : bird
Électroménager (m) (nom commun) : electrical appliances
Carton (m) (nom commun) : cardboard box
Costaud (adjectif) : strong

La fin de la semaine est très **chargée** : faire des cartons, organiser le déménagement. Mais les filles ont un jour **supplémentaire** dans leur week-end à venir et elles savent qu'elles auront du temps. Elles prévoient alors de faire une petite soirée le dimanche soir, **puisque** le lundi est férié. Elles invitent tous leurs amis, et aussi Mattéo et les parents de Céline.

Le samedi matin, elles vont à leur cours de tennis **hebdomadaire**. Christophe les accueille avec un large sourire, et il fait même une **embrassade** à Céline. Elle rougit instantanément. Le cours se passe **plutôt** bien. En fait, les filles progressent ! C'est la première fois qu'elles s'en rendent compte. Le service devient plus facile, et elles rattrapent plus de balles. Elles font un match ensemble que Christophe commente **au fur et à mesure**, pour leur expliquer

leurs **faiblesses**, les reprendre sur leurs positions. C'est un excellent cours, et Céline est **fière**, car elle a envie d'impressionner son professeur, évidemment. Après le cours, Christophe est invité à manger chez les parents de Céline, car il va aider à **charger** la voiture à la fin du déjeuner.

Chargé (adjectif) : busy
Supplémentaire (adjectif) : extra
Puisque (conjonction) : since
Hebdomadaire (adjectif) : weekly
Embrassade (f) (nom commun) : hug
Plutôt (adverbe) : rather
Au fur et à mesure (locution adverbiale) : along the way, as [sth] goes on
Faiblesse (f) (nom commun) : weakness
Fier (adjectif) : proud
Charger (verbe) : to load

Il faut quatre **allers-retours** à la famille et aux amis pour déménager tous les meubles. Julien est venu aussi avec sa **propre** voiture. Les trois **étages** sont un peu hauts et l'**ascenseur** est trop petit pour beaucoup de meubles, alors c'est une journée très sportive. En plus, à la fin de la journée, elles décident de monter certains meubles : les lits, une ou deux armoires. Elles dorment pour la dernière nuit chez les parents de Céline, et le dimanche, elles se lèvent tôt pour monter les derniers meubles et organiser un peu leur nouvel intérieur. En fin de journée, **épuisées**, elles préparent une grosse salade pour le soir. Mais elles se font **livrer** le reste : des bières, des sushis, une bouteille de vin, car elles sont trop fatiguées pour préparer ou faire des courses.

La pendaison de crémaillère se passe joyeusement, avec tout le monde assis par terre ou sur le nouveau canapé, autour d'une **table basse** toute neuve. Les amis leur ont préparé un beau cadeau pour l'emménagement : une **enceinte** Bluetooth ! Ils écoutent de la musique gaiement en parlant du **quartier** et de l'appartement.

Quand tout le monde est parti, c'est la première nuit des deux amies dans leur nouvel appartement - et de Scruffles, aussi. Elles font la vaisselle, font leurs lits pour la première fois et vont se coucher, pompettes et heureuses. Le lendemain, c'est l'Armistice : elles ont tout le temps d'installer leurs affaires et de **ranger** comme elles le veulent.

Aller-retour (m) (nom commun) : round trip

Propre (adjectif) : own (in this context)
Étage (m) (nom commun) : floor
Ascenseur (m) (nom commun) : elevator
Épuisé (adjectif) : exhausted
Livrer (verbe) : to deliver
Table basse (f) (nom commun) : coffee table
Enceinte (f) (nom commun) : speaker (in this context)
Quartier (m) (nom commun) : neighborhood
Ranger (verbe) : to tidy, to clean

Questions (Chapitre 2)

1. Qu'est-ce que Clara et Céline vont faire en rentrant de l'université le soir ?
a) Faire les courses
b) Faire le ménage
c) Faire l'état des lieux de leur nouvel appartement
d) Aller au cinéma

2. Quelle est la signification de « garant » selon Florence ?
a) Une personne qui parraine un événement
b) Une personne qui garantit le loyer si les locataires ne paient pas
c) Une personne qui emménage dans l'appartement
d) Une personne qui inspecte les appartements

3. Comment les filles envisagent-elles de célébrer leur emménagement ?
a) En allant au restaurant
b) En invitant des amis pour une soirée
c) En faisant une randonnée
d) En organisant un pique-nique

4. Que font Clara et Céline le samedi matin avant de déménager ?
a) Elles vont à leur cours de tennis hebdomadaire
b) Elles font leurs valises
c) Elles vont faire du shopping
d) Elles se reposent à la maison

5. Quel cadeau leurs amis leur ont-ils offert pour l'emménagement ?
a) Une télévision
b) Un livre
c) Un jeu de société
d) Une enceinte Bluetooth

2. L'état des lieux et le déménagement

En rentrant de l'université, le soir, Clara et Céline sont surexcitées. Elles vont faire l'état des lieux de leur nouvel appartement de la rue Duviard : vérifier l'état de l'appartement en entrant et signer les papiers. Après ça, elles seront libres de déménager leurs meubles et leurs affaires ! Elles retrouvent Florence à la sortie de la fac de Clara, à l'université Lyon II, sur les quais, en voiture, et elles vont toutes les trois vers la Croix-Rousse, leur nouveau quartier.

Florence trouve facilement de la place pour se garer. Elles grimpent les trois étages à pied et ouvrent la porte. L'appartement, vide, semble grand. Il est vraiment charmant et en bon état. La propriétaire arrive avec dix minutes de retard. Florence, pendant ce temps, explique aux filles : « Dans l'état des lieux entrant, il faut noter tout ce qu'on voit, absolument tout. Car s'il y a des dégâts constatés pour l'état des lieux sortant, les dégâts qui n'ont pas été notés à l'entrée pourraient leur être reprochés. Le locataire paye pour ce qui a été abîmé, par exemple si une prise a été arrachée, s'il y a un trou dans le mur, ou si l'évier est mal fixé. »

Quand la propriétaire arrive, c'est l'inspection complète de l'appartement, des murs au plafond :

2. Inventory and moving

Coming home from university in the evening, Clara and Céline are overexcited. They're going to check out their new apartment on the Duviard street; check out the condition of the apartment and sign the papers. After that, they'll be free to move their furniture and belongings! They find Florence at the exit of Clara's university, at Lyon II University, on the quayside, by car, and the three of them head for Croix-Rousse, their new neighborhood.

Florence easily finds a place to park. They walk up the three flights of stairs and open the door. The empty apartment seems large. It's really charming and in good condition. The owner arrives ten minutes late. Florence, meanwhile, explains to the girls: "In the incoming inventory of fixtures, you have to note down everything you see, absolutely everything. Because if any damage is noted on the outgoing inventory, they could be blamed for damage that wasn't noted on the incoming inventory. The tenant pays for what has been damaged, for example, if a socket has been pulled out, if there's a hole in the wall, or if the sink isn't fixed properly."

When the owner arrives, it's a full inspection of the apartment, from walls to ceiling; windows, heaters,

les fenêtres, les chauffages, la salle de bain, la cuisine, les prises électriques, les plinthes. Florence note la moindre rayure sur le plancher de la mezzanine, la moindre trace sur les murs. Heureusement qu'elle est là et qu'elle s'y connaît, car les filles n'auraient pas su le faire.

Les papiers sont ensuite signés. Céline et Clara sont les locataires, Florence et Patrick sont les garants. Garant, explique Florence, cela veut dire que les parents de Céline s'engagent à payer le loyer si les étudiantes ne payent pas. Il y a beaucoup de documents à signer. C'est très officiel, car le propriétaire et le locataire sont chacun protégés par la loi. Il faut certifier que l'on est d'accord sur tout et que l'on sait quels sont nos droits et nos devoirs.

Une fois tout ceci fait, la propriétaire, très gentille, explique comment mettre en route l'électricité et l'eau courante. Il faut prendre les numéros de compteurs et appeler l'EDF (Electricité de France) et la compagnie pour l'eau. Ainsi, ils branchent l'appartement sur le système, et les filles commenceront à payer des factures sur leur consommation d'énergie et d'eau.

Et voilà ! La propriétaire s'en va, et Céline et Clara sont chez elles ! Florence a apporté une surprise : une demi-bouteille de champagne et trois verres. « Il faut fêter ça, quand

bathroom, kitchen, electrical outlets, baseboards. Florence notes the slightest scratch on the mezzanine floor, the smallest mark on the walls. Fortunately she's there and knows how to do it because the girls wouldn't have known how to do it.

The papers are then signed. Céline and Clara are the tenants, Florence and Patrick are the guarantors. Guarantor, explains Florence, means that Céline's parents undertake to pay the rent if the students don't pay. There are a lot of documents to sign. It's very official because the landlord and the tenant are both protected by law. You have to certify that you agree on everything, and that you know what your rights and duties are.

Once all this is done, the very kind landlady explains how to turn on the electricity and running water. You need to take the meter numbers and call EDF (Electricité de France) and the water company. Then, they connect the apartment to the system and the girls start paying bills for their energy and water consumption.

And that's it! The landlady leaves, and Céline and Clara are home! Florence brought a surprise; half a bottle of champagne and three glasses. "We should celebrate, though," she says,

même, » dit-elle en souriant. Elles boivent un petit verre chacune, en regardant par la fenêtre. Le plafond est très haut, l'arrière-cour est très calme. On entend même les oiseaux.

Le soir, en rentrant, elles découvrent avec plaisir que Patrick et Mattéo ont préparé le dîner. Mattéo demande quand les filles vont déménager : la réponse est samedi prochain, car il faut un peu de temps pour bouger tous les meubles et l'électroménager. Mais avant cela, chaque jour, elles apporteront quelques cartons : les livres, les ustensiles de cuisine, leurs affaires de cours. Tout ce qui n'a pas besoin d'être véhiculé. Les filles ont déjà demandé à leurs amis de venir les aider le samedi pour porter les lits, les armoires, le frigidaire. Christophe va venir, Julien et Max aussi, Valentine, qui est moins costaud mais toujours contente d'aider. Elle promet d'apporter quelques bières.

La fin de la semaine est très chargée : faire des cartons, organiser le déménagement. Mais les filles ont un jour supplémentaire dans leur week-end à venir et elles savent qu'elles auront du temps. Elles prévoient alors de faire une petite soirée le dimanche soir, puisque le lundi est férié. Elles invitent tous leurs amis, et aussi Mattéo et les parents de Céline.

Le samedi matin, elles vont à leur cours de tennis hebdomadaire. Christophe les accueille avec un

smiling. They each drink a small glass, looking out of the window. The ceiling is very high, the backyard is very quiet. You can even hear the birds.

When they come home in the evening, they are pleased to discover that Patrick and Mattéo have prepared dinner. Mattéo asks when the girls are going to move; the answer is next Saturday, because it will take some time to move all the furniture and appliances. But before that, every day, they'll bring a few boxes: books, kitchen utensils, their school stuff. Anything that doesn't need to be transported. The girls have already asked their friends to come and help them on Saturday to carry the beds, wardrobes, the fridge. Christophe will come, Julien and Max too, and Valentine, who's not as strong but always happy to help. She promises to bring a few beers.

The end of the week is very busy; packing boxes, organizing the move. But the girls have an extra day in their weekend coming up, and they know they'll have time. They then plan to have a little party on Sunday evening, since Monday is a holiday. They invite all their friends, and also Mattéo and Céline's parents.

On Saturday morning, they go to their weekly tennis lesson. Christophe greets them with a big

large sourire, et il fait même une embrassade à Céline. Elle rougit instantanément. Le cours se passe plutôt bien. En fait, les filles progressent ! C'est la première fois qu'elles s'en rendent compte. Le service devient plus facile, et elles rattrapent plus de balles. Elles font un match ensemble que Christophe commente au fur et à mesure, pour leur expliquer leurs faiblesses, les reprendre sur leurs positions. C'est un excellent cours, et Céline est fière, car elle a envie d'impressionner son professeur, évidemment. Après le cours, Christophe est invité à manger chez les parents de Céline, car il va aider à charger la voiture à la fin du déjeuner.

Il faut quatre allers-retours à la famille et aux amis pour déménager tous les meubles. Julien est venu aussi avec sa propre voiture. Les trois étages sont un peu hauts et l'ascenseur est trop petit pour beaucoup de meubles, alors c'est une journée très sportive. En plus, à la fin de la journée, elles décident de monter certains meubles : les lits, une ou deux armoires. Elles dorment pour la dernière nuit chez les parents de Céline, et le dimanche, elles se lèvent tôt pour monter les derniers meubles et organiser un peu leur nouvel intérieur. En fin de journée, épuisées, elles préparent une grosse salade pour le soir. Mais elles se font livrer le reste : des bières, des sushis, une bouteille de vin, car elles sont

smile, and even gives Céline a hug. She blushes instantly. The class is going pretty well. In fact, the girls are making progress! It's the first time they've noticed it. Serves become easier, and they catch more balls. They play a match together, which Christophe comments on, as it goes along, to explain their weakness to them, to correct them on their positions. It's an excellent lesson, and Céline is proud because she obviously wants to impress her teacher. After class, Christophe is invited to eat at Céline's parents' house because he'll be helping to load the car at the end of lunch.

It takes family and friends four round trips to move all the furniture. Julien also came with his own car. The three stories are a bit high and the elevator is too small for a lot of furniture, so it's a very physical day. What's more, at the end of the day, they decide to assemble some of the furniture; the beds, one or two wardrobes. They sleep for the last night at Céline's parents' house, and on Sunday they get up early to assemble the last pieces of furniture and organize their new home a little. At the end of the day, exhausted, they prepare a big salad for the evening. But they have the rest delivered; beer, sushi, a bottle of wine; because they're too tired to prepare or shop.

trop fatiguées pour préparer ou faire des courses.

La pendaison de crémaillère se passe joyeusement, avec tout le monde assis par terre ou sur le nouveau canapé, autour d'une table basse toute neuve. Les amis leur ont préparé un beau cadeau pour l'emménagement : une enceinte Bluetooth ! Ils écoutent de la musique gaiement en parlant du quartier et de l'appartement.

Quand tout le monde est parti, c'est la première nuit des deux amies dans leur nouvel appartement - et de Scruffles, aussi. Elles font la vaisselle, font leurs lits pour la première fois et vont se coucher, pompettes et heureuses. Le lendemain, c'est l'Armistice : elles ont tout le temps d'installer leurs affaires et de ranger comme elles le veulent.

The housewarming party goes well, with everyone sitting on the floor, or on the new sofa, around a brand-new coffee table. Their friends have brought a house warming gift, a Bluetooth speaker! They listen to music and talk about the neighborhood and the apartment.

When everyone's gone, it's the two friends' first night in their new apartment, and Scruffles' too. They wash the dishes, make their beds for the first time, and go to bed tipsy and happy. The next day, it's Armistice Day, they have plenty of time to set up their things and tidy up as they please.

Questions (Chapitre 2)

1. Qu'est-ce que Clara et Céline vont faire en rentrant de l'université le soir ?
a) Faire les courses
b) Faire le ménage
c) Faire l'état des lieux de leur nouvel appartement
d) Aller au cinéma

2. Quelle est la signification de « garant » selon Florence ?
a) Une personne qui parraine un événement
b) Une personne qui garantit le loyer si les locataires ne paient pas
c) Une personne qui emménage dans l'appartement
d) Une personne qui inspecte les appartements

3. Comment les filles envisagent-elles de célébrer leur emménagement ?
a) En allant au restaurant
b) En invitant des amis pour une soirée
c) En faisant une randonnée
d) En organisant un pique-nique

4. Que font Clara et Céline le samedi matin avant de déménager ?
a) Elles vont à leur cours de tennis hebdomadaire
b) Elles font leurs valises
c) Elles vont faire du shopping
d) Elles se reposent à la maison

5. Quel cadeau leurs amis leur ont-

Questions (Chapter 2)

1. What are Clara and Céline going to do when they get back from university in the evening?
a) Do the shopping
b) Do the housework
c) Do the inventory of their new apartment
d) Go to the cinema

2. What is the meaning of "garant" according to Florence?
a) Someone who sponsors an event
b) Someone who guarantees the rent if the tenants don't pay
c) Someone who moves into the apartment
d) Someone who inspects apartments

3. How do the girls plan to celebrate their move?
a) By going to a restaurant
b) By inviting friends for a party
c) By going hiking
d) By organizing a picnic

4. What do Clara and Céline do on Saturday morning before moving?
a) They go to their weekly tennis lesson
b) They pack their suitcases
c) They go shopping
d) They relax at home

5. What gift did their friends give

ils offert pour l'emménagement ?
a) Une télévision
b) Un livre
c) Un jeu de société
d) Une enceinte Bluetooth

them for the move-in?
a) A television
b) A book
c) A board game
d) A Bluetooth speaker

3. L'INSTALLATION DANS L'APPARTEMENT, UN JOUR FÉRIÉ

Quel beau lundi ! Le soleil **brille** quand les filles se réveillent, un peu **tôt** car elles sont très heureuses de leur nouvel appartement. Elles ont chacune une chambre sur la mezzanine. L'escalier est un peu **raide**, Scruffles ne peut pas monter. C'est très bien comme ça, il a son lit en bas et il dort très bien dans son coin. Céline ouvre la fenêtre et découvre le calme de l'arrière-cour au matin. C'est très **agréable** ! Les oiseaux **chantent** et elle peut seulement entendre la radio d'un voisin, qui joue de la musique classique.

Clara va dans la cuisine, sous la mezzanine, et monte la machine à café à filtre achetée d'occasion.

« On n'a pas de café ! s'exclame-t-elle.

- Zut, comment on a pu **oublier** le café, répond Céline. Je vais en chercher. On a besoin d'autre chose ?

- Non, je ne crois pas, dit Clara. Ah, attends, si ! Du papier toilette, des **éponges** en plus, des pâtes et du riz, du **poivre** !

- Et du **sel** ? demande Céline.

- Non, non le sel c'est tout bon. »

> **Briller** (verbe) : to shine
> **Tôt** (adverbe) : early
> **Raide** (adjectif) : steep
> **Agréable** (adjectif) : enjoyable, nice
> **Chanter** (verbe) : to sing
> **Oublier** (verbe) : to forget
> **Éponge** (f) (nom commun) : sponge
> **Poivre** (m) (nom commun) : pepper
> **Sel** (m) (nom commun) : salt

Céline prend un sac et la **laisse** du chien. Elle profite du **trajet** vers le magasin pour faire la promenade **matinale** de Scruffles. Elle laisse le chien à la porte, qui attend sagement : il a l'habitude maintenant, il sait qu'elle va revenir. Elle achète le café, les pâtes, le riz et le poivre, quelques éponges. Elle prend aussi du lait, du beurre et des **croquettes** pour le chien. Elle est contente : le magasin est vraiment tout près de l'appartement. C'est un peu plus cher que dans un grand magasin, mais pour les courses d'appoint, c'est parfait. Elle constate que les **horaires** d'ouverture sont aussi avantageux : ils ferment à vingt-deux heures le soir.

De retour dans l'appartement, elle trouve Clara affairée à **monter** son bureau. Céline prépare le café puis vient l'aider. Elles décident ensemble de la place de leurs bureaux respectifs. Elles **déroulent** un tapis sur le sol, **sous** la table basse, placent le miroir sur le mur dans l'**entrée**. Elles montent le meuble de la salle de bain et commencent à y installer leurs affaires de toilette. Le chien **suit** attentivement leurs faits et gestes : on dirait qu'il cherche à comprendre ce qui se passe !

> **Laisse** (f) (nom commun) : leash
> **Trajet** (m) (nom commun) : journey, trip
> **Matinal** (adjectif) : morning
> **Croquette** (f) (nom commun) : dog biscuit
> **Horaire** (m) (nom commun) : hours, schedule
> **Monter** (verbe) : to assemble (in this context)
> **Dérouler** (verbe) : to roll out
> **Sous** (préposition) : under

Entrée (f) (nom commun) : entrance
Suivre (verbe) : to follow

Dans leurs chambres, elles placent leurs armoires et rangent leurs vêtements. Dans les étagères des chambres et du salon, elles mettent leurs livres et quelques **bibelots** de décoration. Elles continuent avec la cuisine, en organisant minutieusement les **rangements**. Et elles finissent par installer les rideaux ! C'est superbe. Elles sont aux anges et prennent des photos pour le souvenir mais aussi pour envoyer aux amis et à leurs familles.

Soudain, on **sonne** à l'interphone. Céline **sursaute**, Clara va répondre, surprise :

« Oui ? Oui oui, c'est bien ici, oui c'est moi. Troisième étage, montez, je vous en prie. Il y a un ascenseur, deuxième porte à droite en sortant. C'est une porte rouge. Voilà, merci !

- C'est qui, c'est quoi ? demande Céline, **incrédule**.

- C'est une livraison, je ne sais pas, » répond Clara.

On sonne à la porte, et le livreur apparaît avec un grand bouquet de fleurs ! Clara le prend et remercie le livreur. Elle **ferme** la porte et elle regarde le bouquet. Il y a un petit mot dedans : « Pour les nouvelles habitantes de l'appartement, bon emménagement les filles ! Signé : Christophe. »

« Oh là là... Quel gentleman ! s'exclame Clara.

- Je n'en reviens pas, » surenchérit Céline.

Les fleurs sont installées dans le nouveau vase offert par Florence, et posées sur la table basse devant le canapé. Elles sont **belles**, de toutes les couleurs, et très parfumées. L'appartement a déjà l'air **habité**, et est déjà bien aménagé. Les filles se sentent chez elles, et le petit chien est déjà adapté au nouvel espace également. Pour le déjeuner, elles décident d'investir la cuisine pour la première fois. Elles font une liste de courses et préparent une quiche lorraine et un gâteau au chocolat. Céline prépare aussi une salade composée. C'est l'occasion de voir ce qu'il manque dans la cuisine : quelques outils de cuisine (un **fouet**, un saladier supplémentaire...) et des épices, de la **levure**.

Bibelot (m) (nom commun) : knick-knack, trinket
Rangement (m) (nom commun) : storage space
Sonner (verbe) : to ring
Sursauter (verbe) : to startle, to jump, to startle
Incrédule (adjectif) : incredulous
Fermer (verbe) : to close
Beau (adjectif) : beautiful
Habité (adjectif) : lived-in
Fouet (m) (nom commun) : whisk
Levure (f) (nom commun) : yeast

Quand le déjeuner est terminé, elles font la vaisselle ensemble, puis Clara sort Scruffles une demi-heure. Enfin, elles s'installent pour la fin de la journée sur leurs bureaux respectifs. Céline étudie et Clara continue ses recherches d'emploi. Quand elle **consulte** sa boîte mail, elle trouve un courriel d'Academia, l'un des organismes pour lesquels elle a posé une candidature. On lui propose un rendez-vous pour un **entretien d'embauche**. Le rendez-vous est fixé pour le vendredi suivant, l'après-midi. Elle doit se rendre dans leurs bureaux à Lyon.

Clara est un peu stressée à l'idée de cet entretien, elle demande donc un peu d'aide à son amie : elle n'a jamais fait d'entretien d'embauche, encore **moins** en français. Elle se demande quelles sont les questions qu'on va lui poser, quelles sont ses chances d'**obtenir** le poste, comment elle doit s'habiller et se comporter, s'il faut qu'elle prépare quelque chose. Bien sûr, il faut préparer : déjà, il faut qu'elle sache se présenter correctement, parler de son parcours. Il faut aussi venir avec une idée claire des raisons pour lesquelles on souhaite **travailler** avec cette entreprise. Il faut donc qu'elle connaisse assez bien Academia. Ensuite, il faut se préparer à des questions sur son caractère, sa personnalité : ses forces et ses faiblesses, ses **qualités** et ses **défauts**. Pour finir, elle doit se préparer à des questions sur sa méthode, la manière dont elle pense pouvoir assurer un cours avec un élève à peine plus jeune qu'elle. Quant au salaire, Céline ne sait pas du tout. Elle pense que pour ce genre de travail, il n'y a rien à négocier, c'est probablement tout **établi** d'avance.

Clara travaille donc sur ces points-là. Elle écrit beaucoup et se promet de s'entraîner dans la semaine avec Valentine, ou peut-être avec Florence, si elle a le temps. La journée se termine **studieusement** et **gaiement** dans le nouvel appartement de la rue Duviard !

Consulter (verbe) : to check
Entretien d'embauche (m) (nom commun) : job interview
Moins (adverbe) : less
Obtenir (verbe) : to get, to obtain
Travailler (verbe) : to work
Qualité (f) (nom commun) : quality
Défaut (m) (nom commun) : fault, flaw
Établi (adjectif) : set up, predetermined
Studieusement (adverbe) : studiously, assiduously
Gaiement (adverbe) : happily, joyfully

Questions (Chapitre 3)

1. Qu'est-ce que Clara et Céline réalisent qu'elles ont oublié d'acheter pour leur appartement ?
a) Du lait
b) Du café
c) Du pain
d) Du savon

2. Comment Céline trouve-t-elle le magasin près de leur appartement ?
a) Il est trop cher
b) Il est trop loin
c) Il est un peu cher mais parfait pour les petits achats
d) Il est fermé le lundi

3. Qu'est-ce qui surprend Clara et Céline lorsque la sonnette retentit ?
a) Une livraison de meubles
b) Une visite des parents de Céline
c) Un bouquet de fleurs de Christophe
d) Un colis de la propriétaire

4. Que découvre Clara dans sa boîte mail ?
a) Une invitation à une fête
b) Un rendez-vous d'entretien d'embauche
c) Une réduction sur des cours de français
d) Un avis de fermeture d'école

5. Comment Clara et Céline terminent-elles leur journée dans leur nouvel appartement ?
a) Avec une fête
b) Avec un marathon de films
c) Avec des préparatifs d'entretien d'embauche
d) Avec une discussion sur leurs livres préférés

3. L'installation dans l'appartement, un jour férié

Quel beau lundi ! Le soleil brille quand les filles se réveillent, un peu tôt car elles sont très heureuses de leur nouvel appartement. Elles ont chacune une chambre sur la mezzanine. L'escalier est un peu raide, Scruffles ne peut pas monter. C'est très bien comme ça, il a son lit en bas et il dort très bien dans son coin. Céline ouvre la fenêtre et découvre le calme de l'arrière-cour au matin. C'est très agréable ! Les oiseaux chantent et elle peut seulement entendre la radio d'un voisin, qui joue de la musique classique.

Clara va dans la cuisine, sous la mezzanine, et monte la machine à café à filtre achetée d'occasion.

« On n'a pas de café ! s'exclame-t-elle.

- Zut, comment on a pu oublier le café, répond Céline. Je vais en chercher. On a besoin d'autre chose ?

- Non, je ne crois pas, dit Clara. Ah, attends, si ! Du papier toilette, des éponges en plus, des pâtes et du riz, du poivre !

- Et du sel ? demande Céline.

- Non, non le sel c'est tout bon. »

3. Moving into the apartment on a public holiday

What a beautiful Monday! The sun is shining when the girls wake up, a little early because they are very happy with their new apartment. They each have a room on the mezzanine. The stairs are a bit steep, and Scruffles can't climb them. That's fine, he has his bed downstairs and sleeps very well in his corner. Céline opens the window and discovers the calm of the backyard in the morning. It's very pleasant! The birds are singing, and all she can hear is a neighbor's radio, playing classical music.

Clara goes into the kitchen, under the mezzanine, and sets up the second-hand filter coffee machine.

"We don't have any coffee! she exclaims.

- Darn, how could we have forgotten the coffee, replies Céline. I'm going to get some. Do we need anything else?

- No, I don't think so, says Clara. Ah, wait, yes! Toilet paper, extra sponges, pasta and rice, pepper!

- And salt? asks Céline.

- No, no, salt's all right."

Céline prend un sac et la laisse du chien. Elle profite du trajet vers le magasin pour faire la promenade matinale de Scruffles. Elle laisse le chien à la porte, qui attend sagement : il a l'habitude maintenant, il sait qu'elle va revenir. Elle achète le café, les pâtes, le riz et le poivre, quelques éponges. Elle prend aussi du lait, du beurre et des croquettes pour le chien. Elle est contente : le magasin est vraiment tout près de l'appartement. C'est un peu plus cher que dans un grand magasin, mais pour les courses d'appoint, c'est parfait. Elle constate que les horaires d'ouverture sont aussi avantageux : ils ferment à vingt-deux heures le soir.

De retour dans l'appartement, elle trouve Clara affairée à monter son bureau. Céline prépare le café puis vient l'aider. Elles décident ensemble de la place de leurs bureaux respectifs. Elles déroulent un tapis sur le sol, sous la table basse, placent le miroir sur le mur dans l'entrée. Elles montent le meuble de la salle de bain et commencent à y installer leurs affaires de toilette. Le chien suit attentivement leurs faits et gestes : on dirait qu'il cherche à comprendre ce qui se passe !

Dans leurs chambres, elles placent leurs armoires et rangent leurs vêtements. Dans les étagères des chambres et du salon, elles mettent leurs livres et quelques bibelots de décoration. Elles continuent

Céline takes a bag and the dog's leash. She takes advantage of the trip to the store to take Scruffles on his morning walk. She leaves the dog at the door, who waits quietly; he's used to it by now, he knows she'll come back. She buys coffee, pasta, rice, pepper, and a few sponges. She also takes milk, butter, and dog food. She's happy, the store is really close to the apartment. It's a bit more expensive than a grocery store, but for occasional shopping it's perfect. She notes that the opening hours are also advantageous, they close at ten o'clock in the evening.

Back in the apartment, she finds Clara busy setting up her desk. Céline prepares the coffee, then goes to help her. They decide together the location of their respective desks. They unroll a carpet on the floor under the coffee table, place the mirror on the wall in the entry. They assemble the bathroom cabinet and begin to put their toiletries in it. The dog follows their every move attentively, it's as if he's trying to figure out what's going on!

In their bedrooms, they place their wardrobes and put away their clothes. On the shelves of the bedrooms and living room, they put their books and a few decorative knick-knacks. They continue with

avec la cuisine, en organisant minutieusement les rangements. Et elles finissent par installer les rideaux ! C'est superbe. Elles sont aux anges et prennent des photos pour le souvenir mais aussi pour envoyer aux amis et à leurs familles.	the kitchen, meticulously organizing the cupboards. And they finish by hanging the curtains! They're superb. They're over the moon and take photos for souvenirs, but also to send to friends and family.
Soudain, on sonne à l'interphone. Céline sursaute, Clara va répondre, surprise :	Suddenly, the intercom rings. Céline startles, Clara will answer, surprised:
« Oui ? Oui oui, c'est bien ici, oui c'est moi. Troisième étage, montez, je vous en prie. Il y a un ascenseur, deuxième porte à droite en sortant. C'est une porte rouge. Voilà, merci !	"Yes? Yes yes, this is the place, yes it's me. Third floor, please come up. There's an elevator, second door on the right as you exit. It's a red door. Thank you!
- C'est qui, c'est quoi ? demande Céline, incrédule.	- Who is it, what is it? asks Céline, incredulous.
- C'est une livraison, je ne sais pas, » répond Clara.	- It's a delivery, I don't know," replies Clara.
On sonne à la porte, et le livreur apparaît avec un grand bouquet de fleurs ! Clara le prend et remercie le livreur. Elle ferme la porte et elle regarde le bouquet. Il y a un petit mot dedans : « Pour les nouvelles habitantes de l'appartement, bon emménagement les filles ! Signé : Christophe. »	The doorbell rings, and the delivery man appears with a large bouquet of flowers! Clara takes it and thanks the delivery man. She closes the door and looks at the bouquet. There's a note inside, "To the new residents of the apartment, happy moving in, girls! Signed: Christophe."
« Oh là là... Quel gentleman ! s'exclame Clara.	"Wow... What a gentleman! exclaims Clara.
- Je n'en reviens pas, » surenchérit Céline.	- I can't believe it," adds Céline.

Les fleurs sont installées dans le nouveau vase offert par Florence, et posées sur la table basse devant le canapé. Elles sont belles, de toutes les couleurs, et très parfumées. L'appartement a déjà l'air habité, et est déjà bien aménagé. Les filles se sentent chez elles, et le petit chien est déjà adapté au nouvel espace également. Pour le déjeuner, elles décident d'investir la cuisine pour la première fois. Elles font une liste de courses et préparent une quiche lorraine et un gâteau au chocolat. Céline prépare aussi une salade composée. C'est l'occasion de voir ce qu'il manque dans la cuisine : quelques outils de cuisine (un fouet, un saladier supplémentaire...) et des épices, de la levure.	The flowers are put in the new vase given by Florence, and placed on the coffee table in front of the sofa. They're beautiful, in every color, and very fragrant. The apartment already looks lived-in, and is already well furnished. The girls feel at home, and the little dog has already adjusted to the new space too. For lunch, they decide to use the kitchen for the first time. They make a shopping list and prepare a quiche lorraine and a chocolate cake. Céline also prepares a mixed salad. This is an opportunity to see what is missing in the kitchen; a few kitchen tools (a whisk, an extra salad bowl), spices and yeast.
Quand le déjeuner est terminé, elles font la vaisselle ensemble, puis Clara sort Scruffles une demi-heure. Enfin, elles s'installent pour la fin de la journée sur leurs bureaux respectifs. Céline étudie et Clara continue ses recherches d'emploi. Quand elle consulte sa boîte mail, elle trouve un courriel d'Academia, l'un des organismes pour lesquels elle a posé une candidature. On lui propose un rendez-vous pour un entretien d'embauche. Le rendez-vous est fixé pour le vendredi suivant, l'après-midi. Elle doit se rendre dans leurs bureaux à Lyon.	When lunch is over, they wash the dishes together, then Clara takes Scruffles out for half an hour. Finally, they settle down for the rest of the day at their respective desks. Céline studies and Clara continues her job search. When she checks her mailbox, she finds an e-mail from Academia, one of the organizations she applied at. She is offered an appointment for a job interview. The appointment is set for the following Friday afternoon. She has to go to their offices in Lyon.
Clara est un peu stressée à l'idée de cet entretien, elle demande donc un	Clara is a little stressed at the idea of this interview, so she asks her friend

peu d'aide à son amie : elle n'a jamais fait d'entretien d'embauche, encore moins en français. Elle se demande quelles sont les questions qu'on va lui poser, quelles sont ses chances d'obtenir le poste, comment elle doit s'habiller et se comporter, s'il faut qu'elle prépare quelque chose. Bien sûr, il faut préparer : déjà, il faut qu'elle sache se présenter correctement, parler de son parcours. Il faut aussi venir avec une idée claire des raisons pour lesquelles on souhaite travailler avec cette entreprise. Il faut donc qu'elle connaisse assez bien Academia. Ensuite, il faut se préparer à des questions sur son caractère, sa personnalité : ses forces et ses faiblesses, ses qualités et ses défauts. Pour finir, elle doit se préparer à des questions sur sa méthode, la manière dont elle pense pouvoir assurer un cours avec un élève à peine plus jeune qu'elle. Quant au salaire, Céline ne sait pas du tout. Elle pense que pour ce genre de travail, il n'y a rien à négocier, c'est probablement tout établi d'avance.

Clara travaille donc sur ces points-là. Elle écrit beaucoup et se promet de s'entraîner dans la semaine avec Valentine, ou peut-être avec Florence, si elle a le temps. La journée se termine studieusement et gaiement dans le nouvel appartement de la rue Duviard !

for a little help; she's never been to a job interview, let alone one in French. She wonders what questions she'll be asked, what are her chances of getting the job, how she needs to dress and behave, whether she needs to prepare anything. Of course, you have to prepare; first of all, she has to know how to present herself properly and talk about her career path. You also need to come with a clear idea of why you would like to work with this company. So she must know Academia fairly well. Next, she needs to be prepared for questions about her character, her personality: her strengths and weaknesses, her qualities and faults. Finally, she needs to be prepared for questions about her method, the way in which she thinks she can teach a course with a student barely younger than herself. As for salary, Céline has no idea. She thinks that for this kind of work there's nothing to negotiate, it's probably all set in advance.

So Clara works on these points. She writes a lot and promises herself to practice during the week with Valentine, or maybe with Florence if she has time. The day ends studiously and cheerfully in the new apartment on Duviard street!

Questions (Chapitre 3)

1. Qu'est-ce que Clara et Céline réalisent qu'elles ont oublié d'acheter pour leur appartement ?
a) Du lait
b) Du café
c) Du pain
d) Du savon

2. Comment Céline trouve-t-elle le magasin près de leur appartement ?
a) Il est trop cher
b) Il est trop loin
c) Il est un peu cher mais parfait pour les petits achats
d) Il est fermé le lundi

3. Qu'est-ce qui surprend Clara et Céline lorsque la sonnette retentit ?
a) Une livraison de meubles
b) Une visite des parents de Céline
c) Un bouquet de fleurs de Christophe
d) Un colis de la propriétaire

4. Que découvre Clara dans sa boîte mail ?
a) Une invitation à une fête
b) Un rendez-vous d'entretien d'embauche
c) Une réduction sur des cours de français
d) Un avis de fermeture d'école

5. Comment Clara et Céline terminent-elles leur journée dans leur nouvel appartement ?
a) Avec une fête
b) Avec un marathon de films

Questions (Chapter 3)

1. What do Clara and Céline realize they forgot to buy for their apartment?
a) Milk
b) Coffee
c) Bread
d) Soap

2. How does Céline feel about the store near their apartment?
a) It's too expensive
b) It's too far away
c) It's a bit expensive but perfect for small purchases
d) It's closed on Mondays

3. What surprises Clara and Céline when the doorbell rings?
a) A delivery of furniture
b) A visit from Céline's parents
c) A bouquet of flowers from Christophe
d) A package from the landlord

4. What does Clara discover in her email inbox?
a) An invitation to a party
b) A job interview appointment
c) A discount on French lessons
d) A notice of school closure

5. How do Clara and Céline end their day in their new apartment?
a) With a party
b) With a movie marathon
c) With job interview preparations

c) Avec des préparatifs d'entretien d'embauche

d) Avec une discussion sur leurs livres préférés

d) With a discussion about their favorite books

4. Nouvelle dispute entre Clara et Julien

La vie sur le plateau de la Croix-Rousse est très **sympa**. Les filles s'y font très vite ! Elles ont rapidement repéré les magasins utiles, le marché, et les cafés sympathiques. C'est un peu plus long pour aller à la fac **à pied**, mais il y a aussi un métro, pour les jours de **pluie** ou quand elles sont **en retard**. Le petit chien, laissé seul dans l'appartement chaque jour quand elles sont à l'université, ne fait pas de **bêtises**. Il joue avec ses jouets, dort sur son lit et ne fait jamais pipi à **l'intérieur**. Dès que Céline ou Clara rentre de la fac, elle le promène quelques minutes, et le soir, il a droit à une plus longue promenade.

Clara aime déjà beaucoup sa nouvelle vie. C'est comme une nouvelle vie à l'intérieur d'une nouvelle vie ! Elle aimait déjà vivre avec la famille de Céline, c'était déjà quelque chose de nouveau pour elle. Mais là, le **sentiment** d'indépendance qu'elle **ressent** en rentrant chez elle, c'est une expérience incroyable. Elle n'a jamais vécu cela avant : elle ne doit pas **avertir** quelqu'un de ce qu'elle fait, elle est libre d'aller et venir. Elle a ses clefs, sa chambre, sa **liberté**. Céline ressent la même chose. Cela les motive encore plus pour trouver un travail, pour dépendre encore moins de leurs parents.

Sympa (adjectif) : nice, pleasant, enjoyable

À pied (locution adverbiale) : on foot
Pluie (f) (nom commun) : rain
En retard (locution adverbiale) : late
Bêtises (f, pl) (nom commun) : mischief
À l'intérieur (locution adverbiale) : inside, indoors
Sentiment (m) (nom commun) : feeling
Ressentir (verbe) : to feel, to experience
Avertir (verbe) : to warn, to inform, to notify
Liberté (f) (nom commun) : freedom

Clara passe une partie de la semaine à préparer son entretien avec Academia. Elle envoie **également** sa candidature à d'autres employeurs potentiels, car elle ne sait pas **si** elle sera prise vendredi. Céline, elle, continue à chercher des offres d'emploi. Elle s'intéresse à des offres pour l'accompagnement des personnes **âgées** ou **souffrantes**. Elle espère trouver un travail dans **lequel** elle se sentira utile. Elle a elle aussi écrit un CV et des lettres de motivation, qu'elle commence à envoyer à des entreprises susceptibles d'avoir besoin d'elle.

Clara travaille également sur ses partiels, **ainsi que** sur son exposé sur Pompéi. C'est beaucoup de travail, et elle est aussi **distraite** par le plaisir de se faire à manger et d'organiser sa nouvelle vie dans son appartement. Le soir, elle va prendre un café ou boire une bière avec Valentine avant de rentrer, et elle invite Valentine à dîner chez elles **deux fois**. Clara en oublie de répondre aux messages de Julien. Elle est tout absorbée par sa nouvelle vie ! Et elle n'a même pas invité Julien à dîner chez elles cette première semaine.

Également (adverbe) : also, too, as well
Si (conjoction) : if
Âgé (m) (nom commun) : old, elderly
Souffrant (adjectif) : unwell, ill
Lequel (pronom) : which
Ainsi que (conjonction) : just as, as well as
Distrait (adjectif) : distracted, unattentive
Deux fois (locution adverbiale) : twice

Julien, de son côté, **fait des efforts** pour être **compréhensif**. Mais il commence à **s'impatienter**. Les silences répétés de sa copine l'inquiètent, et il se demande si elle **se détache de** lui. Il **voit d'un mauvais œil** la présence de ce prof de tennis beau, sympa et drôle. Il craint que Clara ne soit attirée

par lui et n'arrive pas à penser à autre chose. Il écrit peu à Clara, mais il attend qu'elle lui écrive, et ses messages se font rares. Un soir de la semaine, il lui propose d'aller boire un verre, et Clara ne regarde pas son téléphone **à temps** : il est déjà trop tard quand elle reçoit le message.

Clara essaye d'appeler Julien, mais Julien, **fâché** et **vexé**, ne répond pas. Confuse, elle lui écrit un long message pour lui expliquer que sa semaine est chargée, mais qu'elle pense à lui. Mais Julien lui répond seulement quelques mots : « Je vois bien que je n'**ai** pas **de place** dans tes semaines chargées. Nous ne sommes pas obligés d'être ensemble, si tu ne penses pas à moi. » Clara reçoit ce message comme un **coup de couteau**. Mais elle doit reconnaître que Julien **a raison** : si elle ne pense pas **assez** à lui, est-ce que cela ne veut pas dire qu'elle est bien sans lui ? Elle ne répond pas immédiatement car elle ne sait pas quoi dire.

Pourtant, la nuit qui suit ce message, Clara n'arrive pas à dormir. Elle pense à Julien, et l'idée de ne plus être avec lui est pénible, **douloureuse**. Elle regarde des photos d'eux, elle **relit** leurs messages. Elle se sent infiniment triste car elle a très peur qu'ils se séparent. Dans la nuit, elle se lève pour se faire un thé, car elle ne dort toujours pas.

Faire des efforts (locution verbale) : to try, to make an effort
Compréhensif (adjectif) : understanding
S'impatienter (verbe pronominal) : to lose patience
Se détacher de (verbe pronominal) : to detach yourself from [sb/sth]
Voir d'un mauvais œil (expression) : to look unfavorably, to disapprove of something
À temps (locution adverbiale) : in time
Fâché (adjectif) : angry, upset
Vexé (adjectif) : offended
Avoir de place (locution verbale) : to have room, to have space
Coup de couteau (m) (nom commun) : stab, knife blow
Avoir raison (locution verbale) : to be right
Assez (adverbe) : enough, sufficiently
Douloureux (adjectif) : painful
Relire (verbe) : to reread, to read again

Céline se réveille en l'entendant descendre **vers** la cuisine, et elle se lève également.

« Ça ne va pas, Clara ? Tu n'arrives pas à dormir ? demande-t-elle.

- Julien est fâché. On n'a pas beaucoup parlé, mais j'**ai peur** que ce soit la fin... explique Clara.

- La fin ? Comme tu y vas, c'est un peu **excessif**, non ? Vous vous disputez parfois, c'est un peu normal, non ?

- Écoute, je ne sais pas. Julien pense que je ne fais pas assez attention à lui. Et c'est peut-être vrai ! Mais je suis heureuse quand je suis avec lui, je ne veux pas que ça s'arrête déjà, dit Clara.

- Ma belle, ne t'inquiète pas. Si Julien s'inquiète, c'est parce qu'il t'aime, dit Céline pour calmer son amie. **Sinon**, il ne t'écrirait même pas ! Allez, on boit ce thé et on retourne se coucher. **Lâche** ton téléphone, tu lui écriras demain matin. »

Le **lendemain** matin, Clara écrit à Julien : « Je n'ai pas dormi de la nuit. Je suis triste quand je pense qu'on pourrait se séparer. Je n'ai pas envie, je suis bien avec toi. Je te demande pardon pour mes silences, je vais faire un effort. S'il te plaît, ne sois pas **trop** fâché. Si tu es libre ce soir, on peut aller manger **ensemble** à la Brasserie des Écoles, à la Croix-Rousse ? » Julien ne répond pas tout de suite. Mais en fin de matinée, Clara reçoit une réponse simple : « OK, Brasserie des Écoles. Quelle heure ? »

Bon, il est **visiblement** fâché. Mais **au moins**, il accepte de la voir ce soir. Elle espère que ce n'est pas pour la **quitter**...

Vers (préposition) : towards
Avoir peur (locution verbale) : to be afraid, to be scared
Excessif (adjectif) : excessive
Sinon (conjoction) : otherwise, if not
Lâcher (verbe) : to let go, to drop
Lendemain (m) (nom commun) : the next day, the day after
Trop (adverbe) : too, too much
Ensemble (adverbe) : together
Visiblement (adverbe) : obviously, evidently
Au moins (locution adverbiale) : at least
Quitter (verbe) : to leave, to abandon

Questions (Chapitre 4)

1. Que fait le petit chien lorsque Clara et Céline sont à l'université ?
a) Il fait des bêtises
b) Il dort toute la journée
c) Il aboie continuellement
d) Il joue avec ses jouets et dort sur son lit

2. Comment Clara ressent-elle sa nouvelle vie dans l'appartement ?
a) Elle se sent triste et seule
b) Elle éprouve un sentiment d'indépendance incroyable
c) Elle est effrayée par la solitude
d) Elle se sent envahie par le silence

3. Que fait Céline pour trouver un travail ?
a) Elle envoie des candidatures à différents employeurs
b) Elle ne cherche pas activement un emploi
c) Elle attend que les entreprises la contactent
d) Elle compte sur Clara pour trouver un emploi pour elle

4. Pourquoi Clara oublie-t-elle de répondre aux messages de Julien ?
a) Parce qu'elle ne l'aime plus
b) Parce qu'elle est occupée à organiser sa nouvelle vie
c) Parce qu'elle n'est pas intéressée par lui
d) Parce qu'elle est en colère contre lui

5. Comment réagit Clara après avoir passé une nuit blanche à réfléchir à sa relation avec Julien ?
a) Elle décide de rompre avec Julien
b) Elle cherche à éviter Julien pour un certain temps
c) Elle écrit à Julien pour exprimer ses sentiments
d) Elle décide de ne plus jamais parler à Julien

4. Nouvelle dispute entre Clara et Julien

La vie sur le plateau de la Croix-Rousse est très sympa. Les filles s'y font très vite ! Elles ont rapidement repéré les magasins utiles, le marché, et les cafés sympathiques. C'est un peu plus long pour aller à la fac à pied, mais il y a aussi un métro, pour les jours de pluie ou quand elles sont en retard. Le petit chien, laissé seul dans l'appartement chaque jour quand elles sont à l'université, ne fait pas de bêtises. Il joue avec ses jouets, dort sur son lit et ne fait jamais pipi à l'intérieur. Dès que Céline ou Clara rentre de la fac, elle le promène quelques minutes, et le soir, il a droit à une plus longue promenade.

Clara aime déjà beaucoup sa nouvelle vie. C'est comme une nouvelle vie à l'intérieur d'une nouvelle vie ! Elle aimait déjà vivre avec la famille de Céline, c'était déjà quelque chose de nouveau pour elle. Mais là, le sentiment d'indépendance qu'elle ressent en rentrant chez elle, c'est une expérience incroyable. Elle n'a jamais vécu cela avant : elle ne doit pas avertir quelqu'un de ce qu'elle fait, elle est libre d'aller et venir. Elle a ses clefs, sa chambre, sa liberté. Céline ressent la même chose. Cela les motive encore plus pour trouver un travail, pour dépendre encore moins de leurs parents.

Clara passe une partie de la semaine

4. New fight between Clara and Julien

Life on the Croix-Rousse plateau is very nice. The girls get used to it very quickly! They quickly spotted the useful stores, the market, and the friendly cafés. It's a bit longer to walk to college, but there's also a metro for rainy days or when they're running late. The little dog, left alone in the apartment every day when they're at university, doesn't get into trouble. He plays with his toys, sleeps on his bed, and never pees inside. As soon as Céline or Clara come home from college, they take him for a few minutes walk, and in the evening he's allowed a longer walk.

Clara is already loving her new life. It's like a new life within a new life! She already liked living with Céline's family, it was already something new for her. But here, the sense of independence she feels when she returns home is an incredible experience. She's never experienced this before; she doesn't have to tell anyone what she's doing, she's free to come and go. She has her keys, her room, her freedom. Céline feels the same way. This motivates them even more to find a job, to depend even less on their parents.

Clara spends part of the week

à préparer son entretien avec Academia. Elle envoie également sa candidature à d'autres employeurs potentiels, car elle ne sait pas si elle sera prise vendredi. Céline, elle, continue à chercher des offres d'emploi. Elle s'intéresse à des offres pour l'accompagnement des personnes âgées ou souffrantes. Elle espère trouver un travail dans lequel elle se sentira utile. Elle a elle aussi écrit un CV et des lettres de motivation, qu'elle commence à envoyer à des entreprises susceptibles d'avoir besoin d'elle.

Clara travaille également sur ses partiels, ainsi que sur son exposé sur Pompéi. C'est beaucoup de travail, et elle est aussi distraite par le plaisir de se faire à manger et d'organiser sa nouvelle vie dans son appartement. Le soir, elle va prendre un café ou boire une bière avec Valentine avant de rentrer, et elle invite Valentine à dîner chez elles deux fois. Clara en oublie de répondre aux messages de Julien. Elle est tout absorbée par sa nouvelle vie ! Et elle n'a même pas invité Julien à dîner chez elles cette première semaine.

Julien, de son côté, fait des efforts pour être compréhensif. Mais il commence à s'impatienter. Les silences répétés de sa copine l'inquiètent, et il se demande si elle se détache de lui. Il voit d'un mauvais œil la présence de ce prof de tennis beau, sympa et drôle. Il craint que

preparing for her interview with Academia. She also sends her application to other potential employers since she doesn't know if she'll be hired on Friday. Céline, she continues to look for jobs. She's interested in jobs for the care of the elderly or suffering. She hopes to find a job in which she will feel useful. She has also written a CV and covering letters, which she is starting to send to companies that might need her.

Clara is also working on her midterm exams as well as her presentation on Pompeii. It's a lot of work, and she's also distracted by the pleasure of cooking and organizing her new life in her apartment. In the evening, she goes for a coffee or a beer with Valentine before going home, and she invites Valentine to dinner at their place twice. Clara forgets to respond to Julien's messages. She's all absorbed in her new life! And she hasn't even invited Julien to dinner at their place this first week.

Julien, for his part, tries to be understanding. But he's getting impatient. His girlfriend's repeated silences worry him, and he wonders if she's growing apart from him. He takes a dim view of this handsome, friendly, and funny tennis instructor. He fears that Clara is attracted to him

Clara ne soit attirée par lui et n'arrive pas à penser à autre chose. Il écrit peu à Clara, mais il attend qu'elle lui écrive, et ses messages se font rares. Un soir de la semaine, il lui propose d'aller boire un verre, et Clara ne regarde pas son téléphone à temps : il est déjà trop tard quand elle reçoit le message.

Clara essaye d'appeler Julien, mais Julien, fâché et vexé, ne répond pas. Confuse, elle lui écrit un long message pour lui expliquer que sa semaine est chargée, mais qu'elle pense à lui. Mais Julien lui répond seulement quelques mots : « Je vois bien que je n'ai pas de place dans tes semaines chargées. Nous ne sommes pas obligés d'être ensemble, si tu ne penses pas à moi. » Clara reçoit ce message comme un coup de couteau. Mais elle doit reconnaître que Julien a raison : si elle ne pense pas assez à lui, est-ce que cela ne veut pas dire qu'elle est bien sans lui ? Elle ne répond pas immédiatement car elle ne sait pas quoi dire.

Pourtant, la nuit qui suit ce message, Clara n'arrive pas à dormir. Elle pense à Julien, et l'idée de ne plus être avec lui est pénible, douloureuse. Elle regarde des photos d'eux, elle relit leurs messages. Elle se sent infiniment triste car elle a très peur qu'ils se séparent. Dans la nuit, elle se lève pour se faire un thé, car elle ne dort toujours pas.

and can't think of anything else. He writes little to Clara, but waits for her to write to him, and her messages are few and far between. One evening during the week, he asks her out for a drink, and Clara doesn't look at her phone in time: it's already too late when she gets the message.

Clara tries to call Julien, but Julien, angry and offended, doesn't answer. Confused, she writes him a long message explaining how busy her week is but that she's thinking of him. But Julien replies with only a few words, "I can see that there's no room for me in your busy weeks. We don't have to be together, if you're not thinking about me." Clara takes this message as a stab in the heart. But she has to admit that Julien is right: if she doesn't think about him enough, doesn't that mean she's fine without him? She doesn't reply immediately because she doesn't know what to say.

However, the night after this message, Clara can't sleep. She thinks of Julien, and the idea of no longer being with him is hard, painful. She looks at photos of them, she rereads their messages. She feels infinitely sad because she's so afraid they'll part. During the night, she gets up to make herself some tea because she still can't sleep.

Céline se réveille en l'entendant descendre vers la cuisine, et elle se lève également.	Céline wakes up hearing her go down to the kitchen, and she gets up too.
« Ça ne va pas, Clara ? Tu n'arrives pas à dormir ? demande-t-elle.	"What's wrong, Clara? Can't you sleep? she asks.
- Julien est fâché. On n'a pas beaucoup parlé, mais j'ai peur que ce soit la fin... explique Clara.	- Julien is angry. We haven't talked much, but I'm afraid this is the end... Clara explains.
- La fin ? Comme tu y vas, c'est un peu excessif, non ? Vous vous disputez parfois, c'est un peu normal, non ?	- The end? You're going a bit far, no? You sometimes argue, it's normal, right?
- Écoute, je ne sais pas. Julien pense que je ne fais pas assez attention à lui. Et c'est peut-être vrai ! Mais je suis heureuse quand je suis avec lui, je ne veux pas que ça s'arrête déjà, dit Clara.	- Look, I don't know. Julien thinks I don't pay enough attention to him. And maybe that's true! But I'm happy when I'm with him, I don't want it to end yet, says Clara.
- Ma belle, ne t'inquiète pas. Si Julien s'inquiète, c'est parce qu'il t'aime, dit Céline pour calmer son amie. Sinon, il ne t'écrirait même pas ! Allez, on boit ce thé et on retourne se coucher. Lâche ton téléphone, tu lui écriras demain matin. »	- Sweetheart, don't worry. If Julien is worried, it's because he loves you, says Céline to calm her friend. Otherwise, he wouldn't even write to you! Come on, let's drink this tea and go back to bed. Put down your phone, you will write to him in the morning."
Le lendemain matin, Clara écrit à Julien : « Je n'ai pas dormi de la nuit. Je suis triste quand je pense qu'on pourrait se séparer. Je n'ai pas envie, je suis bien avec toi. Je te demande pardon pour mes silences, je vais faire un effort. S'il te plaît, ne sois pas trop fâché. Si tu es libre ce soir, on peut aller manger ensemble à la Brasserie	The next morning, Clara writes to Julien; "I didn't sleep all night. I'm sad when I think we might break up. I don't want to, I'm happy with you. I apologize for my silences, I will try harder. Please don't be too angry. If you're free this evening, can we go eat together at the Brasserie des Écoles, in Croix-Rousse?" Julien doesn't

des Écoles, à la Croix-Rousse ? » Julien ne répond pas tout de suite. Mais en fin de matinée, Clara reçoit une réponse simple : « OK, Brasserie des Écoles. Quelle heure ? »

Bon, il est visiblement fâché. Mais au moins, il accepte de la voir ce soir. Elle espère que ce n'est pas pour la quitter...

respond right away. But at the end of the morning, Clara receives a simple answer; "OK, Brasserie des Écoles. What time?"

Well, he's obviously upset. But at least he agrees to see her tonight. She hopes it's not to leave her...

Questions (Chapitre 4)

1. Que fait le petit chien lorsque Clara et Céline sont à l'université ?
a) Il fait des bêtises
b) Il dort toute la journée
c) Il aboie continuellement
d) Il joue avec ses jouets et dort sur son lit

2. Comment Clara ressent-elle sa nouvelle vie dans l'appartement ?
a) Elle se sent triste et seule
b) Elle éprouve un sentiment d'indépendance incroyable
c) Elle est effrayée par la solitude
d) Elle se sent envahie par le silence

3. Que fait Céline pour trouver un travail ?
a) Elle envoie des candidatures à différents employeurs
b) Elle ne cherche pas activement un emploi
c) Elle attend que les entreprises la contactent
d) Elle compte sur Clara pour trouver un emploi pour elle

4. Pourquoi Clara oublie-t-elle de répondre aux messages de Julien ?
a) Parce qu'elle ne l'aime plus
b) Parce qu'elle est occupée à organiser sa nouvelle vie
c) Parce qu'elle n'est pas intéressée par lui
d) Parce qu'elle est en colère contre lui

Questions (Chapter 4)

1. What does the little dog do when Clara and Céline are at university?
a) He misbehaves
b) He sleeps all day
c) He barks continuously
d) He plays with his toys and sleeps on his bed

2. How does Clara feel about her new life in the apartment?
a) She feels sad and lonely
b) She experiences an incredible sense of independence
c) She is scared of loneliness
d) She feels overwhelmed by the silence

3. What does Céline do to find a job?
a) She sends applications to different employers
b) She is not actively looking for a job
c) She waits for companies to contact her
d) She relies on Clara to find her a job

4. Why does Clara forget to reply to Julien's messages?
a) Because she no longer loves him
b) Because she is busy organizing her new life
c) Because she is not interested in him
d) Because she is angry with him

5. Comment réagit Clara après avoir passé une nuit blanche à réfléchir à sa relation avec Julien ?
a) Elle décide de rompre avec Julien
b) Elle cherche à éviter Julien pour un certain temps
c) Elle écrit à Julien pour exprimer ses sentiments
d) Elle décide de ne plus jamais parler à Julien

5. How does Clara react after staying up all night thinking about her relationship with Julien?
a) She decides to break up with Julien
b) She tries to avoid Julien for a while
c) She writes to Julien to express her feelings
d) She decides to never speak to Julien again

5. Dîner de réconciliation

Clara passe une journée un peu stressante. **Entre** les **partiels** qui **approchent**, son entretien d'embauche dans deux jours et sa dispute avec Julien, elle ne sait plus où elle en est vraiment. Elle passe une bonne partie de la journée avec Valentine, et, **au lieu de** travailler, elles vont au café et **papotent**. Clara en a grand besoin, car elle est beaucoup trop stressée pour se concentrer sur son travail.

Elles commencent par une répétition d'entretien d'embauche. Valentine a un peu d'expérience et elle prend le rôle de l'**embaucheur** : elle pose des questions ciblées, et elle lui fait réviser ses réponses. Clara est bonne pour raconter son **parcours**. Il n'est pas très compliqué car elle est jeune, mais il est intéressant, car elle est américaine et qu'elle vit en France. Elle est aussi très bonne pour parler avec enthousiasme de ses centres d'intérêts. **En revanche**, elle a des difficultés à parler de ses **qualités** et de ses **faiblesses**. C'est même plutôt ses faiblesses qu'elle a du mal à exprimer. En effet, il est souvent plus difficile d'exprimer ses défauts avec assurance...

Elle **établit** donc une liste avec Valentine. Qualités : intelligente, flexible, curieuse, patiente. **Défauts** : bah, il n'y en a pas ! « Mais si, justement. Si jamais on te pose cette question, il faut savoir répondre. Tu peux par exemple dire

que tu es perfectionniste. Aussi, tu peux dire que tu n'es pas toujours sûre de ton niveau de langue. Ce n'est pas un défaut en soi, mais cela peut justifier quelques problèmes **ponctuels** de communication. Travail là-dessus ! Il faut pouvoir montrer que tu as de l'auto-critique. »

Entre (préposition) : between, among
Partiel (m) (nom commun) : enf-of-term exam
Approcher (verbe) : to come closer
Au lieu de (locution prépositionnelle) : instead of
Papoter (verbe) : to chat, to talk, to gossip
Embaucheur (m) (nom commun) : recruiter, hiring manager
Parcours (m) (nom commun) : journey, experience
En revanche (locution adverbale) : however, on the other hand
Qualité (f) (nom commun) : quality
Faiblesse (f) (nom commun) : weakness
Établir (verbe) : to set up
Défaut (m) (nom commun) : fault, flaw
Ponctuel (adjectif) : occasional (in this context)

Après ce travail sur son entretien, Clara se sent un peu fatiguée. Valentine le voit bien : quelque chose **tracasse** son amie.

« Qu'est-ce qui ne va pas Clara ? Tu as le **mal du pays** ? demande-t-elle.

- Oh non, **pas du tout**. Ma famille me manque un peu mais je suis **ravie** ici. Non, je suis juste un peu sous pression en ce moment. Je n'ai pas vraiment commencé à écrire pour mon exposé sur Pompéi, je suis lente à **démarrer** mes révisions, je m'inquiète pour cet entretien d'embauche... répond Clara.

- Hum, je vois. Et Julien, il t'accompagne un peu ? demande encore Valentine.

- Ah, Julien, je le vois ce soir. Écoute, ce n'est pas lui le problème, c'est moi ! Il ne demande que ça, de m'aider ! Et moi je réponds **un jour sur deux**. Il me trouve distante et il se fâche. Hier, on **était à deux doigts de** se séparer, et ça m'inquiète beaucoup, explique Clara. On se voit ce soir, on va manger ensemble.

- Bon, vous allez discuter... Vous allez où ? »

Les deux amies discutent alors de la relation entre Clara et Julien. Valentine

pense que si Clara est distante, cela veut **peut-être** dire qu'elle n'est pas si heureuse avec Julien. Mais Clara a peur d'une séparation. Elle a trop peur de regretter.

Tracasser (verbe) : to worry, to trouble
Mal du pays (m) (nom commun) : homesickness
Pas du tout (locution adverbiale) : not at all
Ravi (adjectif) : thrilled, delighted
Démarrer (verbe) : to start, to begin
Un jour sur deux (locution adverbale) : every other day
Être à deux doigts de (locution verbale) : to be about to do [sth]
Peut-être (adverbe) : maybe, perhaps, possibly

Le conseil de Valentine : il faut se concentrer **d'abord** sur ses études et ce qui est important : les amis, le travail, les études. **Ensuite**, si ça ne va pas dans le couple, il peut être utile de **faire une** petite **pause**, pour voir ce qui est important. Cependant, Clara **craint** que Julien **s'éloigne** d'elle si elle prend plus de distances. « C'est un risque à prendre, mais si vous vous disputez souvent, il faut prendre le temps de réfléchir ! » déclare Valentine, toujours sage dans ses conseils.

Cette petite discussion a fait beaucoup de bien à Clara. Elle ne **sait** toujours pas ce qu'elle va dire à Julien dans la soirée, mais elle se sent plus préparée. Et, comme elle est stressée pour les partiels de fin d'année, Valentine lui propose une après-midi de révisions intenses le lendemain après-midi, après les cours. Clara se sent un peu **mieux**. Les deux amies boivent une petite bière – juste un demi – pour se détendre à la fin de l'après-midi, puis Clara prend le métro pour rejoindre la Croix-Rousse.

Elle **est en avance** à la Brasserie des Écoles, sympathique restaurant qui se situe sur la place de la Croix-Rousse. On **y** mange bien, c'est simple mais bon, et pas trop cher. L'atmosphère est **détendue**. Elle s'installe à une table près de la fenêtre et envoie un texto à Céline pour lui demander si elle peut sortir Scruffles. Quand Julien arrive, elle commande un pot de Brouilly, un vin de la région qu'elle n'a encore jamais **goûté**. Elle ne connaît pas très bien les vins ! Elle commence tout juste à goûter et à apprécier ces choses-là.

D'abord (adverbe) : first of all, beforehand
Ensuite (adverbe) : then, afterwards
Faire une pause (locution verbale) : to take a break

Craindre (verbe) : to be afraid of, to be scared of
S'éloigner (verbe pronominal) : to distance yourself from [sth or sb]
Savoir (verbe) : to know
Mieux (adverbe) : better
Être en avance (locution verbale) : to be early
Y (adverbe) : here, there
Détendu (adjectif) : relaxed, calm
Goûter (verbe) : to taste, to try

Julien s'installe **en face d'**elle, **fouille** dans son sac et sort un petit paquet emballé dans du **papier cadeau**. Clara sourit : Julien est vraiment le plus gentil des garçons. Elle ouvre le paquet et découvre une jolie paire de **boucles d'oreille** en argent avec une pierre de turquoise. Elle les porte immédiatement à ses oreilles. Elles sont ravissantes !

La soirée se passe très bien. Les deux amoureux se retrouvent. Clara **fait part** à Julien **de** ses inquiétudes : elle lui dit qu'elle **a conscience de** sa distance, mais elle lui assure qu'il ne s'agit pas d'indifférence. Elle **promet**, encore, de faire des efforts. Elle dit à Julien qu'elle a peur qu'ils se séparent. Elle lui parle de sa recherche d'emploi, de son emménagement... Julien est compréhensif, bien sûr. Mais il lui **avoue** aussi qu'il éprouve un peu de **jalousie** : n'est-elle pas un peu attirée par ce Christophe, ce prof de tennis canon et drôle ? Clara rit alors, et le rassure immédiatement. « Vraiment, je te l'ai déjà dit : c'est Céline qui a un **coup de cœur** pour Christophe ! Ne t'inquiète pas pour ça, je suis très occupée, mais pas occupée à penser à un autre ! »

Cette discussion est **rassurante** pour tous les deux. À la fin du repas, Clara propose à Julien de venir dormir dans son nouvel appartement. Pour la première fois, ce soir-là, Julien et Clara passent la nuit ensemble. Ils se réveillent ensemble et c'est Julien qui prépare le café pour Céline, Clara et lui quand Clara promène Scruffles. À la radio, on passe une musique **douce** et **gaie**.

En face de (locution prépositionnelle) : opposite, in front of
Fouiller (verbe) : to search
Papier cadeau (m) (nom commun) : wrapping paper, gift wrap
Boucle d'oreille (f) (nom commun) : earring
Faire part de (locution verbale) : to tell, to inform
Avoir conscience de (locution verbale) : to be aware of
Promettre (verbe) : to promise

Avouer (verbe) : to confess, to admit
Jalousie (adjectif) : jealousy, envy
Coup de cœur (m) (nom commun) : crush
Rassurant (adjectif) : comforting
Doux (adjectif) : soft, gentle
Gai (adjectif) : cheerful, fun

Questions (Chapitre 5)

1. Que fait Clara avec Valentine lors de leur journée ensemble ?
a) Elles font du shopping
b) Elles étudient intensivement
c) Elles ont une répétition pour l'entretien d'embauche de Clara
d) Elles vont au cinéma

2. Pourquoi Clara trouve-t-elle difficile d'exprimer ses faiblesses lors de la répétition de l'entretien d'embauche ?
a) Elle croit qu'elle n'a pas de faiblesses
b) Elle a du mal à identifier ses faiblesses
c) Elle n'est pas intéressée à discuter de ses faiblesses
d) Elle a peur d'être jugée pour ses faiblesses

3. Quel conseil Valentine donne-t-elle à Clara concernant sa relation avec Julien ?
a) Prioriser ses études et ses amis
b) Passer plus de temps avec Julien
c) Ignorer les sentiments de Julien
d) Se distancer de Julien

4. Comment Clara se sent-elle après sa discussion avec Valentine sur sa relation avec Julien ?
a) Elle se sent plus stressée
b) Elle se sent soulagée et plus préparée
c) Elle se sent confuse et incertaine
d) Elle se sent frustrée et en colère

5. Que donne Julien à Clara pendant leur dîner ensemble ?
a) Un livre
b) Un collier
c) Une paire de boucles d'oreilles
d) Un bracelet

5. Dîner de réconciliation

Clara passe une journée un peu stressante. Entre les partiels qui approchent, son entretien d'embauche dans deux jours et sa dispute avec Julien, elle ne sait plus où elle en est vraiment. Elle passe une bonne partie de la journée avec Valentine, et, au lieu de travailler, elles vont au café et papotent. Clara en a grand besoin, car elle est beaucoup trop stressée pour se concentrer sur son travail.

Elles commencent par une répétition d'entretien d'embauche. Valentine a un peu d'expérience et elle prend le rôle de l'embaucheur : elle pose des questions ciblées, et elle lui fait réviser ses réponses. Clara est bonne pour raconter son parcours. Il n'est pas très compliqué car elle est jeune, mais il est intéressant, car elle est américaine et qu'elle vit en France. Elle est aussi très bonne pour parler avec enthousiasme de ses centres d'intérêts. En revanche, elle a des difficultés à parler de ses qualités et de ses faiblesses. C'est même plutôt ses faiblesses qu'elle a du mal à exprimer. En effet, il est souvent plus difficile d'exprimer ses défauts avec assurance...

Elle établit donc une liste avec Valentine. Qualités : intelligente, flexible, curieuse, patiente. Défauts : bah, il n'y en a pas ! « Mais si, justement. Si jamais on te pose cette

5. Reconciliation dinner

Clara is having a somewhat stressful day. Between the upcoming exams, her job interview in two days, and her argument with Julien, she no longer knows where she really stands. She spends most of the day with Valentine and, instead of working, they go to the café and chat. Clara really needs this because she's far too stressed to concentrate on her work.

They start with a rehearsal job interview. Valentine has a bit of experience, and takes the role of the interviewer; she asks targeted questions, and makes her revise her answers. Clara is good at telling her story. It's not very complex because she's young, but it's interesting because she's American and lives in France. She's also very good at talking enthusiastically about her interests. On the other hand, she has difficulty talking about her qualities and weaknesses. It's rather her weaknesses that she has difficulty expressing. Indeed, it's often more difficult to express one's faults with confidence...

So she makes a list with Valentine. Qualities: intelligent, flexible, curious, patient. Weaknesses: well, there aren't any! "But yes, precisely. If you're ever asked that question,

question, il faut savoir répondre. Tu peux par exemple dire que tu es perfectionniste. Aussi, tu peux dire que tu n'es pas toujours sûre de ton niveau de langue. Ce n'est pas un défaut en soi, mais cela peut justifier quelques problèmes ponctuels de communication. Travail là-dessus ! Il faut pouvoir montrer que tu as de l'auto-critique. »

Après ce travail sur son entretien, Clara se sent un peu fatiguée. Valentine le voit bien : quelque chose tracasse son amie.

« Qu'est-ce qui ne va pas Clara ? Tu as le mal du pays ? demande-t-elle.

- Oh non, pas du tout. Ma famille me manque un peu mais je suis ravie ici. Non, je suis juste un peu sous pression en ce moment. Je n'ai pas vraiment commencé à écrire pour mon exposé sur Pompéi, je suis lente à démarrer mes révisions, je m'inquiète pour cet entretien d'embauche... répond Clara.

- Hum, je vois. Et Julien, il t'accompagne un peu ? demande encore Valentine.

- Ah, Julien, je le vois ce soir. Écoute, ce n'est pas lui le problème, c'est moi ! Il ne demande que ça, de m'aider ! Et moi je réponds un jour sur deux. Il me trouve distante et il se fâche. Hier, on était à deux doigts de se séparer, et ça m'inquiète beaucoup,

you have to know how to answer. You can say, for example, that you're a perfectionist. You can also say that you're not always sure of your language level. This isn't a fault per se, but it can explain occasional communication problems. Work on this! You have to be able to show that you're self-aware."

After all this work on her interview, Clara feels a little tired. Valentine can clearly see that something is bothering her friend.

"What's wrong, Clara? Are you homesick? she asks.

- Oh no, not at all. I miss my family a little, but I'm really happy here. No, I'm just under a little pressure at the moment. I haven't really started writing my speech on Pompeii, I'm slow to start my revising, I'm worried about this job interview... Clara replies.

- Hmm, I see. And Julien, does he stay with you for a little? asks Valentine again.

- Ah, Julien, I'm seeing him tonight. Look, he's not the problem, It's me! All he wants is to help me! And I answer every other day. He finds me distant and gets angry. Yesterday, we were on the verge of splitting up, and that worries me a lot, explains Clara.

explique Clara. On se voit ce soir, on va manger ensemble.

- Bon, vous allez discuter... Vous allez où ? »

Les deux amies discutent alors de la relation entre Clara et Julien. Valentine pense que si Clara est distante, cela veut peut-être dire qu'elle n'est pas si heureuse avec Julien. Mais Clara a peur d'une séparation. Elle a trop peur de regretter.

Le conseil de Valentine : il faut se concentrer d'abord sur ses études et ce qui est important : les amis, le travail, les études. Ensuite, si ça ne va pas dans le couple, il peut être utile de faire une petite pause, pour voir ce qui est important. Cependant, Clara craint que Julien s'éloigne d'elle si elle prend plus de distances. « C'est un risque à prendre, mais si vous vous disputez souvent, il faut prendre le temps de réfléchir ! » déclare Valentine, toujours sage dans ses conseils.

Cette petite discussion a fait beaucoup de bien à Clara. Elle ne sait toujours pas ce qu'elle va dire à Julien dans la soirée, mais elle se sent plus préparée. Et, comme elle est stressée pour les partiels de fin d'année, Valentine lui propose une après-midi de révisions intenses le lendemain après-midi, après les cours. Clara se sent un peu mieux. Les deux amies boivent une petite

We see each other tonight, we'll have dinner together.

- Okay, you're going to talk... Where are you going?"

The two friends then discuss Clara and Julien's relationship. Valentine thinks that if Clara is distant, maybe that means she's not so happy with Julien. But Clara is afraid of breaking up. She's too afraid of regret.

Valentine's advice: You have to focus on your studies first and what's important; friends, work, studies. Then, if things aren't going well as a couple, it can be useful to take a little break to see what's important. However, Clara fears that Julien will pull away from her if she distances herself more. "It's a risk you have to take, but if you argue often, you have to take time to think!" says Valentine, always wise in her advice.

This little chat did Clara a lot of good. She still doesn't know what she's going to say to Julien that evening, but she feels more prepared. And, as she's stressed about the end-of-year exams, Valentine suggests an afternoon of intense revision the following afternoon after classes. Clara feels a little better. The two friends drink a small beer - just a half - to relax at the end of the afternoon,

bière – juste un demi – pour se détendre à la fin de l'après-midi, puis Clara prend le métro pour rejoindre la Croix-Rousse.

Elle est en avance à la Brasserie des Écoles, sympathique restaurant qui se situe sur la place de la Croix-Rousse. On y mange bien, c'est simple mais bon, et pas trop cher. L'atmosphère est détendue. Elle s'installe à une table près de la fenêtre et envoie un texto à Céline pour lui demander si elle peut sortir Scruffles. Quand Julien arrive, elle commande un pot de Brouilly, un vin de la région qu'elle n'a encore jamais goûté. Elle ne connaît pas très bien les vins ! Elle commence tout juste à goûter et à apprécier ces choses-là.

Julien s'installe en face d'elle, fouille dans son sac et sort un petit paquet emballé dans du papier cadeau. Clara sourit : Julien est vraiment le plus gentil des garçons. Elle ouvre le paquet et découvre une jolie paire de boucles d'oreille en argent avec une pierre de turquoise. Elle les porte immédiatement à ses oreilles. Elles sont ravissantes !

La soirée se passe très bien. Les deux amoureux se retrouvent. Clara fait part à Julien de ses inquiétudes : elle lui dit qu'elle a conscience de sa distance, mais elle lui assure qu'il ne s'agit pas d'indifférence. Elle promet, encore, de faire des efforts. Elle dit à Julien qu'elle a peur qu'ils se séparent.

then Clara takes the metro to Croix-Rousse.

She's early to the Brasserie des Écoles, a nice restaurant on the Place de la Croix-Rousse. The food is good, simple, but good; and not too expensive. The atmosphere is relaxed. She sits at a table near the window and texts Céline to ask if she can take Scruffles out. When Julien arrives she orders a pot of Brouilly, a local wine she's never tasted before. She doesn't know much about wine! She's just beginning to taste and appreciate these things.

Julien sits down opposite her, digs into his bag and pulls out a small gift-wrapped package. Clara smiles, Julien really is the nicest boy. She opens the package and discovers a pretty pair of silver earrings with a turquoise stone. She immediately puts them on her ears. They are lovely!

The evening goes very well. The two lovers meet again. Clara shares her concerns with Julien; she says she's aware of her distance, but assures him it's not a question of indifference. She promises, again, to make an effort. She tells Julien she's afraid they'll break up. She talks to him about her

Elle lui parle de sa recherche d'emploi, de son emménagement... Julien est compréhensif, bien sûr. Mais il lui avoue aussi qu'il éprouve un peu de jalousie : n'est-elle pas un peu attirée par ce Christophe, ce prof de tennis canon et drôle ? Clara rit alors, et le rassure immédiatement. « Vraiment, je te l'ai déjà dit : c'est Céline qui a un coup de cœur pour Christophe ! Ne t'inquiète pas pour ça, je suis très occupée, mais pas occupée à penser à un autre ! »

Cette discussion est rassurante pour tous les deux. À la fin du repas, Clara propose à Julien de venir dormir dans son nouvel appartement. Pour la première fois, ce soir-là, Julien et Clara passent la nuit ensemble. Ils se réveillent ensemble et c'est Julien qui prépare le café pour Céline, Clara et lui quand Clara promène Scruffles. À la radio, on passe une musique douce et gaie.

job search, about moving in... Julien is understanding, of course. But he also admits to her that he feels a little jealous; isn't she a little attracted to that Christophe, that hot, funny tennis instructor? Clara laughs and immediately reassures him. "Really, I've already told you; it's Céline who has a crush on Christophe! Don't worry about that, I'm very busy, but not busy thinking about someone else!"

This discussion is reassuring for both of them. At the end of the meal, Clara suggests that Julien come sleep in her new apartment. For the first time that night, Julien and Clara spend the night together. They wake up together and it's Julien who makes the coffee for Céline, Clara and himself when Clara walks Scruffles. Soft, cheerful music plays on the radio.

Questions (Chapitre 5)

1. Que fait Clara avec Valentine lors de leur journée ensemble ?
a) Elles font du shopping
b) Elles étudient intensivement
c) Elles ont une répétition pour l'entretien d'embauche de Clara
d) Elles vont au cinéma

2. Pourquoi Clara trouve-t-elle difficile d'exprimer ses faiblesses lors de la répétition de l'entretien d'embauche ?
a) Elle croit qu'elle n'a pas de faiblesses
b) Elle a du mal à identifier ses faiblesses
c) Elle n'est pas intéressée à discuter de ses faiblesses
d) Elle a peur d'être jugée pour ses faiblesses

3. Quel conseil Valentine donne-t-elle à Clara concernant sa relation avec Julien ?
a) Prioriser ses études et ses amis
b) Passer plus de temps avec Julien
c) Ignorer les sentiments de Julien
d) Se distancer de Julien

4. Comment Clara se sent-elle après sa discussion avec Valentine sur sa relation avec Julien ?
a) Elle se sent plus stressée
b) Elle se sent soulagée et plus préparée
c) Elle se sent confuse et incertaine
d) Elle se sent frustrée et en colère

Questions (Chapter 5)

1. What does Clara do with Valentine during their day together?
a) They go shopping
b) They study intensively
c) They have a rehearsal for Clara's job interview
d) They go to the cinema

2. Why does Clara find it difficult to express her weaknesses during the job interview rehearsal?
a) She believes she has no weakness
b) She struggles to identify her weaknesses
c) She is not interested in discussing her weaknesses
d) She is afraid of being judged for her weaknesses

3. What advice does Valentine give Clara regarding her relationship with Julien?
a) Prioritize her studies and friends
b) Spend more time with Julien
c) Ignore Julien's feelings
d) Distance herself from Julien

4. How does Clara feel after her discussion with Valentine about her relationship with Julien?
a) She feels more stressed
b) She feels relieved and more prepared
c) She feels confused and uncertain
d) She feels frustrated and angry

5. Que donne Julien à Clara pendant leur dîner ensemble ?
a) Un livre
b) Un collier
c) Une paire de boucles d'oreilles
d) Un bracelet

5. What does Julien give Clara during their dinner together?
a) A book
b) A necklace
c) A pair of earrings
d) A bracelet

6. Révisions intenses pour les partiels

Après cette bonne **soirée**, Clara a les batteries rechargées pour passer une journée productive à la fac avec Valentine. Elles vont en cours toute la matinée, et se retrouvent pour un **rapide** déjeuner sur les quais avant d'aller à la bibliothèque. Céline, qui étudie tous les jours en ce moment, les **rejoint** un peu plus tard à la bibliothèque pour profiter de l'ambiance de travail.

Elles s'installent sur une grande table et la **remplissent** de livres, de cafés, de cahiers et de stylos. Chacune a son **casque** sur les oreilles et écoute de la musique adaptée au travail. Elles prennent de petites pauses toutes les heures pour **souffler** et se dire où elles en sont. Clara essaye de **partager** son temps entre la préparation de son exposé et les révisions pour les partiels.

Son objectif est d'avoir **presque** terminé son exposé cette semaine. Elle doit terminer ses **recherches** aujourd'hui, et commencer à écrire et à préparer sa présentation visuelle. Elle cherche des photographies intéressantes, sans oublier de noter **rigoureusement** ses sources. Elle écrit le plan complet de son exposé, et commence à travailler sur le **contenu**. Elle a bien avancé quand arrive le **milieu** de l'après-midi, alors elle décide de s'arrêter et de recommencer ses révisions.

Soirée (f) (nom commun) : evening
Rapide (adjectif) : quick, fast,
Rejoindre (verbe) : to meet, to join
Remplir (verbe) : to fill
Casque (m) (nom commun) : headphones, headset (in this context)
Souffler (verbe) : to take a breather (in this context)
Partager (verbe) : to share
Presque (adverbe) : almost, nearly
Recherche (f) (nom commun) : research, investigation
Rigoureusement (adverbe) : severely, rigorously
Contenu (m) (nom commun) : content
Milieu (m) (nom commun) : middle, midpoint

Valentine et elle travaillent ensemble sur les matières les plus difficiles, où il faut **apprendre par cœur** des dates, des noms d'architectes ou de peintres... Cette entre-aide les motive toutes les deux. Céline se sent un peu seule dans son travail **laborieux**. Mais elle a choisi une matière compliquée et difficile, et elle veut **se prouver** qu'elle en est capable. Elle reste très concentrée tout l'après-midi.

Quand la journée est **enfin** finie, les trois amies se sentent fières d'avoir bien travaillé. Le soir, elles sont invitées à dîner chez les parents de Céline. C'est tout nouveau pour Céline, d'être invitée chez ses parents. Elle est contente, car elle se sent plus adulte **depuis** une semaine. Valentine, qui connaît bien les parents de Céline depuis qu'elle a rencontré Clara, est invitée aussi. **Sur le chemin**, elles s'arrêtent pour acheter des pralines, une spécialité sucrée de Lyon. Elles vont préparer une **tarte** à la praline, dessert préféré de Mattéo.

Le repas est l'occasion de parler de la nouvelle vie des filles dans leur appartement. Elles font la liste de tout ce qui va bien : le calme de la petite rue Duviard, les **commerces de proximité**, la vie de quartier. Les lits sont confortables, la cuisine est petite mais très fonctionnelle. **Même** le chien adore sa nouvelle maison ! **D'ailleurs**, il y a bientôt un rendez-vous chez le vétérinaire pour les vaccins.

Apprendre par cœur (locution verbale) : to learn [sth] by heart
Laborieux (adjectif) : laborious, hard work
Se prouver (verbe pronominal) : to prove oneself
Enfin (adverbe) : finally, at last
Depuis (préposition) : since, for

Sur le chemin (locution adverbiale) : on the way
Tarte (f) (nom commun) : tart, pie
Commerce de proximité (m) (nom commun) : convenience store
Même (adverbe) : even
D'ailleurs (locution adverbiale) : by the way, for that matter

C'est aussi l'occasion pour Clara de perfectionner son **entraînement** pour l'entretien d'embauche du lendemain. Patrick et Florence l'aident à travailler ses réponses aux questions classiques d'un entretien d'embauche. Elle se sent préparée et **d'attaque** pour obtenir son nouveau job !

Quelle belle journée, très complète. Julien, les amies, les études, puis rentrer chez soi, fatigué parce qu'on a bien travaillé. En rentrant chez elles, les filles préparent un thé et Clara appelle Julien pour lui **raconter** sa journée. Florence a remarqué ses nouvelles boucles d'oreille et lui a fait des compliments. Clara espère que Julien a aussi passé une bonne journée. Bien sûr, Julien **est** toujours **en forme**. Il a passé une très bonne journée, il a fait un tour de vélo, travaillé un peu et aidé sa mère à **déplacer** un meuble dans son appartement. Les deux amoureux prévoient de se revoir ce week-end, vendredi soir après l'entretien pour le travail de Clara.

Le lendemain, Clara va en cours le matin. À midi, elle rentre chez elle **en vitesse** pour se changer. Elle passe une **veste** un peu chic, un pantalon noir, une chemise repassée. Elle **se maquille** – mais pas trop – et **se recoiffe**. Puis elle **prend son courage à deux mains** et se rend à l'adresse de son entretien. Très stressée, elle manque de tomber dans le métro et ne trouve pas l'entrée pour son rendez-vous. Elle appelle, paniquée. Mais on lui répond qu'elle est en avance : elle **s'est trompée** d'une heure ! C'est embêtant, car elle se sentait prête, et il va falloir attendre encore une heure dans un café, cela va faire monter la pression...

Entraînement (m) (nom commun) : training, practice
Être d'attaque (locution verbale) : to be up to [sth], to be ready for [sth]
Raconter (verbe) : to tell, to relate
Être en forme (locution verbale) : to be in good shape, to feel fine
Déplacer (verbe) : to move, to shift
En vitesse (locution adverbiale) : quickly, rapidly, fast
Veste (f) (nom commun) : jacket
Se maquiller (verbe pronominal) : to put on makeup
Se recoiffer (verbe pronominal) : to do you hair again, to redo your hair

Prendre son courage à deux mains (locution verbale) : to muster the courage
Se tromper (verbe pronominal) : to make a mistake, to be mistaken

Mais l'entretien se passe **à merveille**. À sa grande surprise, il est assez long, mais il n'y a pas de **questions pièges**. Les questions portent essentiellement sur son expérience, sur son **assurance**, sur ses études, son niveau d'anglais, ses connaissances grammaticales et littéraires. Il s'agit d'être capable d'accompagner des élèves en difficulté en anglais, alors il faut, bien sûr, pouvoir expliquer la langue. Clara adore la grammaire, la linguistique, les langues en général. Elle adore lire et elle a une culture assez développée pour son jeune âge. Aussi, son caractère enthousiaste et sa **mine** souriante lui donnent d'emblée quelques points **supplémentaires** : à la fin de l'entretien, la femme qui l'**interrogeait** la raccompagne vers la porte avec un grand sourire. « On vous contactera bientôt. Je ne peux pas vous dire encore, nous avons plusieurs personnes à interroger. Merci d'avoir **pris le temps de** cet entretien, et soyez certaine que vous aurez une réponse avant mercredi prochain ! »

Clara est presque sûre qu'elle a **réussi**. Elle repart très joyeusement pour retrouver Julien à une terrasse de café, au soleil. Sur le chemin, elle passe par une librairie et achète un livre pour son amoureux. Elle a envie, elle aussi, de lui **faire un cadeau**. Elle choisit une bande dessinée car elle sait qu'il aime bien ça. Comme elle ne connaît pas beaucoup, elle demande conseil au libraire.

Julien et Clara partagent un bon moment au café. Ils ne rentrent pas tard, chacun chez eux. Julien a un dîner en famille, et Clara souhaite se coucher **tôt** car elle est fatiguée, et elle a son cours de tennis le lendemain. Quand elle rentre, Céline n'est pas à la maison, mais elle a laissé un mot sur la table : « J'ai sorti Scruffles en rentrant puis je suis repartie. Ne m'attends pas pour dîner, j'ai rendez-vous avec Christophe. J'espère que ton entretien s'est bien passé ! **À plus !** »

Clara se prépare donc des **pâtes** et s'installe devant son ordinateur pour regarder une série avec Scruffles. Quel plaisir d'être tranquille chez soi !

À merveille (locution adverbiale) : wonderfully, perfectly
Question piège (f) (nom commun) : trick question
Assurance (f) (nom commun) : confidence

Mine (f) (nom commun) : appearance, look
Supplémentaire (adjectif) : extra, additional
Interroger (verbe) : to question, to ask questions
Prendre le temps (locution verbale) : to take the time
Réussir (verbe) : to succeed
Faire un cadeau (locution verbale) : to give [sb] a present
Tôt (adverbe) : early
À plus (locution adverbiale) : see you later!
Pâtes (f, pl) (nom commun) : pasta, pasta dish

Questions (Chapitre 6)

1. Quel est l'objectif principal de Clara pour cette semaine ?
a) Terminer ses révisions pour les partiels
b) Trouver un nouveau travail
c) Préparer sa présentation visuelle
d) Finaliser son exposé sur Pompéi

2. Comment les amies se sentent-elles après leur journée de travail à la bibliothèque ?
a) Fières d'avoir bien travaillé
b) Ennuyées et agacées
c) Excitées et énergisées
d) Détendues et apaisées

3. Quelle activité Clara prévoit-elle pour la soirée ?
a) Regarder une série à la télévision
b) Préparer un dîner pour ses amis
c) Aller dîner chez les parents de Céline
d) Sortir faire du shopping avec Julien

4. Comment Clara se prépare-t-elle pour son entretien d'embauche ?
a) Elle met un pantalon décontracté et un t-shirt
b) Elle se maquille beaucoup et se coiffe de manière extravagante
c) Elle choisit des vêtements élégants et se maquille légèrement
d) Elle porte des vêtements de sport et ne se maquille pas

5. Que fait Clara pour montrer son affection à Julien après son entretien d'embauche ?
a) Elle lui offre une bande dessinée
b) Elle lui prépare un repas spécial
c) Elle lui envoie un message sur son téléphone
d) Elle lui achète des fleurs

6. Révisions intenses pour les partiels

Après cette bonne soirée, Clara a les batteries rechargées pour passer une journée productive à la fac avec Valentine. Elles vont en cours toute la matinée, et se retrouvent pour un rapide déjeuner sur les quais avant d'aller à la bibliothèque. Céline, qui étudie tous les jours en ce moment, les rejoint un peu plus tard à la bibliothèque pour profiter de l'ambiance de travail.

Elles s'installent sur une grande table et la remplissent de livres, de cafés, de cahiers et de stylos. Chacune a son casque sur les oreilles et écoute de la musique adaptée au travail. Elles prennent de petites pauses toutes les heures pour souffler et se dire où elles en sont. Clara essaye de partager son temps entre la préparation de son exposé et les révisions pour les partiels.

Son objectif est d'avoir presque terminé son exposé cette semaine. Elle doit terminer ses recherches aujourd'hui, et commencer à écrire et à préparer sa présentation visuelle. Elle cherche des photographies intéressantes, sans oublier de noter rigoureusement ses sources. Elle écrit le plan complet de son exposé, et commence à travailler sur le contenu. Elle a bien avancé quand arrive le milieu de l'après-midi, alors elle décide de s'arrêter et de

6. Intense reviewing for midterm exams

After such a good evening, Clara's batteries are recharged for a productive day at college with Valentine. They attend classes all morning, and meet for a quick lunch on the quayside before going to the library. Céline, who currently studies every day, joins them a little later at the library to enjoy the work atmosphere.

They sit down at a large table and fill it with books, coffee, notebooks, and pens. Everyone has headphones on and listens to work suitable music. They take short breaks every hour to breathe and tell each other how they're doing. Clara tries to divide her time between preparing her presentation and studying for the midterm exams.

Her goal is to have almost finished her presentation this week. She has to finish her research today, and start writing and preparing her visual presentation. She looks for interesting photographs, not forgetting to note her sources carefully. She writes the complete outline for her presentation, and starts working on the content. She's made good progress by mid-afternoon, so she decides to stop and start reviewing again.

recommencer ses révisions.

Valentine et elle travaillent ensemble sur les matières les plus difficiles, où il faut apprendre par cœur des dates, des noms d'architectes ou de peintres... Cette entre-aide les motive toutes les deux. Céline se sent un peu seule dans son travail laborieux. Mais elle a choisi une matière compliquée et difficile, et elle veut se prouver qu'elle en est capable. Elle reste très concentrée tout l'après-midi.

Quand la journée est enfin finie, les trois amies se sentent fières d'avoir bien travaillé. Le soir, elles sont invitées à dîner chez les parents de Céline. C'est tout nouveau pour Céline, d'être invitée chez ses parents. Elle est contente, car elle se sent plus adulte depuis une semaine. Valentine, qui connaît bien les parents de Céline depuis qu'elle a rencontré Clara, est invitée aussi. Sur le chemin, elles s'arrêtent pour acheter des pralines, une spécialité sucrée de Lyon. Elles vont préparer une tarte à la praline, dessert préféré de Mattéo.

Le repas est l'occasion de parler de la nouvelle vie des filles dans leur appartement. Elles font la liste de tout ce qui va bien : le calme de la petite rue Duviard, les commerces de proximité, la vie de quartier. Les lits sont confortables, la cuisine est petite mais très fonctionnelle. Même le chien adore sa nouvelle maison ! D'ailleurs, il y a bientôt un rendez-

She and Valentine work together on the more difficult subjects where they have to memorize dates, names of architects or painters... This mutual assistance motivates them both. Céline feels a little alone in her laborious work. But she chose a complicated and difficult subject, and she wants to prove to herself that she can do it. She stays very focused all afternoon.

When the day is finally over, the three friends feel proud of their hard work. In the evening, they are invited to dinner at Céline's parents' house. It's new for Céline to be invited to her parents' house. She's happy because she feels more grown-up in the past week. Valentine, who knows Céline's parents well since she met Clara, is invited too. On the way, they stop to buy pralines, a sweet specialty from Lyon. They are going to prepare a praline tart, Mattéo's favorite dessert.

The meal is an opportunity to talk about the girls' new life in their apartment. They list all that's going well; the calm of the little Duviard street, the local shops, neighborhood life. The beds are comfortable, the kitchen small but very functional. Even the dog loves his new home! By the way, there's an appointment with the vet soon for vaccinations.

vous chez le vétérinaire pour les vaccins.

C'est aussi l'occasion pour Clara de perfectionner son entraînement pour l'entretien d'embauche du lendemain. Patrick et Florence l'aident à travailler ses réponses aux questions classiques d'un entretien d'embauche. Elle se sent préparée et d'attaque pour obtenir son nouveau job !

Quelle belle journée, très complète. Julien, les amies, les études, puis rentrer chez soi, fatigué parce qu'on a bien travaillé. En rentrant chez elles, les filles préparent un thé et Clara appelle Julien pour lui raconter sa journée. Florence a remarqué ses nouvelles boucles d'oreille et lui a fait des compliments. Clara espère que Julien a aussi passé une bonne journée. Bien sûr, Julien est toujours en forme. Il a passé une très bonne journée, il a fait un tour de vélo, travaillé un peu et aidé sa mère à déplacer un meuble dans son appartement. Les deux amoureux prévoient de se revoir ce week-end, vendredi soir après l'entretien pour le travail de Clara.

Le lendemain, Clara va en cours le matin. À midi, elle rentre chez elle en vitesse pour se changer. Elle passe une veste un peu chic, un pantalon noir, une chemise repassée. Elle se maquille – mais pas trop – et se recoiffe. Puis elle prend son courage

It's also an opportunity for Clara to perfect her training for tomorrow's job interview. Patrick and Florence help her work on her answers to classic job interview questions. She feels prepared and ready to get her new job!

What a nice, full day. Julien, friends, studies, then going home, tired because everyone has worked so hard. The girls go home and make tea, and Clara calls Julien to tell him about her day. Florence noticed her new earrings and complimented her. Clara hopes Julien had a good day too? Of course, Julien is always in good shape. He had a great day; went for a bike ride, did a bit of work, and helped his mother move a piece of furniture in her apartment. The two lovers plan to see each other this weekend on Friday evening after Clara's job interview.

The next day, Clara goes to class in the morning. At noon, she rushes home to change. She changes into a classy jacket, black pants and an ironed shirt. She puts on make-up - but not too much - and fixes her hair. Then she gathers her courage and

à deux mains et se rend à l'adresse de son entretien. Très stressée, elle manque de tomber dans le métro et ne trouve pas l'entrée pour son rendez-vous. Elle appelle, paniquée. Mais on lui répond qu'elle est en avance : elle s'est trompée d'une heure ! C'est embêtant, car elle se sentait prête, et il va falloir attendre encore une heure dans un café, cela va faire monter la pression…

Mais l'entretien se passe à merveille. À sa grande surprise, il est assez long, mais il n'y a pas de questions pièges. Les questions portent essentiellement sur son expérience, sur son assurance, sur ses études, son niveau d'anglais, ses connaissances grammaticales et littéraires. Il s'agit d'être capable d'accompagner des élèves en difficulté en anglais, alors il faut, bien sûr, pouvoir expliquer la langue. Clara adore la grammaire, la linguistique, les langues en général. Elle adore lire et elle a une culture assez développée pour son jeune âge. Aussi, son caractère enthousiaste et sa mine souriante lui donnent d'emblée quelques points supplémentaires : à la fin de l'entretien, la femme qui l'interrogeait la raccompagne vers la porte avec un grand sourire. « On vous contactera bientôt. Je ne peux pas vous dire encore, nous avons plusieurs personnes à interroger. Merci d'avoir pris le temps de cet entretien, et soyez certaine que vous aurez une réponse avant mercredi prochain ! »

goes to the address of her interview. Very stressed, she almost falls in the subway and can't find the entrance to her appointment. She calls, panicked. But they tell her she's early; she's mistaken by an hour! It's annoying because she felt she was ready, and now she'll have to wait another hour in a café, this will increase the pressure…

But the interview is going perfectly. To her great surprise, it is quite long, but there are no trick questions. The questions focus on her experience, her confidence, her studies, her level of English, her knowledge of grammar and literature. It's about being able to help students who have difficulty in English, so you must, of course, be able to explain the language. Clara loves grammar, linguistics, languages in general. She loves to read and has fairly well-developed culture for her young age. At the end of the interview, the woman who interviewed her walks her out with a big smile. "We'll be in touch soon. I can't tell you yet, we have several people to interview. Thank you for taking the time for this interview, and rest assured you'll have an answer by next Wednesday!"

Clara est presque sûre qu'elle a réussi. Elle repart très joyeusement pour retrouver Julien à une terrasse de café, au soleil. Sur le chemin, elle passe par une librairie et achète un livre pour son amoureux. Elle a envie, elle aussi, de lui faire un cadeau. Elle choisit une bande dessinée car elle sait qu'il aime bien ça. Comme elle ne connaît pas beaucoup, elle demande conseil au libraire.

Julien et Clara partagent un bon moment au café. Ils ne rentrent pas tard, chacun chez eux. Julien a un dîner en famille, et Clara souhaite se coucher tôt car elle est fatiguée, et elle a son cours de tennis le lendemain. Quand elle rentre, Céline n'est pas à la maison, mais elle a laissé un mot sur la table : « J'ai sorti Scruffles en rentrant puis je suis repartie. Ne m'attends pas pour dîner, j'ai rendez-vous avec Christophe. J'espère que ton entretien s'est bien passé ! À plus ! »

Clara se prépare donc des pâtes et s'installe devant son ordinateur pour regarder une série avec Scruffles. Quel plaisir d'être tranquille chez soi !

Clara is pretty sure she's succeeded. She sets off happily to meet Julien at a café terrace in the sunshine. On the way, she passes a bookshop and buys a book for her boyfriend. She too wants to give him a gift. She chooses a comic book because she knows he likes them. As she doesn't know much about them, she asks the bookseller for advice.

Julien and Clara have a good time at the café. They don't return late. Julien has a family dinner and Clara wants to go to bed early because she's tired and has a tennis lesson the next day. When she returns, Céline isn't home, but she's left a note on the table, "I took Scruffles out when I got home, then I left. Don't wait for me for dinner, I have a date with Christophe. I hope your interview went well! See you later!"

Clara makes herself some pasta and settles down in front of her computer to watch a show with Scruffles. What a pleasure to be at home!

| Questions (Chapitre 6) | Questions (Chapter 6) |

1. Quel est l'objectif principal de Clara pour cette semaine ?
a) Terminer ses révisions pour les partiels
b) Trouver un nouveau travail
c) Préparer sa présentation visuelle
d) Finaliser son exposé sur Pompéi

1. What is Clara's main objective for this week?
a) Finish her revisions for the exams
b) Find a new job
c) Prepare her visual presentation
d) Finalize her presentation on Pompeii

2. Comment les amies se sentent-elles après leur journée de travail à la bibliothèque ?
a) Fières d'avoir bien travaillé
b) Ennuyées et agacées
c) Excitées et énergisées
d) Détendues et apaisées

2. How do the friends feel after their day of work at the library?
a) Proud of having worked well
b) Bored and annoyed
c) Excited and energized
d) Relaxed and calm

3. Quelle activité Clara prévoit-elle pour la soirée ?
a) Regarder une série à la télévision
b) Préparer un dîner pour ses amis
c) Aller dîner chez les parents de Céline
d) Sortir faire du shopping avec Julien

3. What activity does Clara plan for the evening?
a) Watch a TV series
b) Prepare dinner for her friends
c) Go to have dinner at Céline's parents' house
d) Go shopping with Julien

4. Comment Clara se prépare-t-elle pour son entretien d'embauche ?
a) Elle met un pantalon décontracté et un t-shirt
b) Elle se maquille beaucoup et se coiffe de manière extravagante
c) Elle choisit des vêtements élégants et se maquille légèrement
d) Elle porte des vêtements de sport et ne se maquille pas

4. How does Clara prepare herself for her job interview?
a) She wears casual pants and a t-shirt
b) She wears heavy makeup and styles her hair extravagantly
c) She chooses elegant clothes and applies light makeup
d) She wears sportswear and does not wear makeup

**5. Que fait Clara pour montrer son affection à Julien après son

**5. What does Clara do to show her affection to Julien after her job

entretien d'embauche ?
a) Elle lui offre une bande dessinée
b) Elle lui prépare un repas spécial
c) Elle lui envoie un message sur son téléphone
d) Elle lui achète des fleurs

interview?
a) She gives him a comic book
b) She prepares a special meal for him
c) She sends him a message on his phone
d) She buys him flowers

7. Un nouveau travail pour Clara !

Le week-end se passe comme tous les week-ends : tennis avec Christophe, **promenades** avec les amis, repas dans le nouvel appartement. Le samedi, le tennis se passe bien, mais Christophe et Céline sont un peu fatigués : ils se sont couchés tard **la veille**, un peu **pompettes**. Céline est rentrée vers une heure du matin, tout doucement pour ne pas faire de bruit, sans réveiller Clara. Sur le court de tennis, Céline et Christophe sont visiblement **complices**, ce qui **fait** très **plaisir à** Clara ; mais elle se sent un peu **à l'écart**, et elle ne se joint pas à eux pour le café après la leçon. Au lieu de ça, elle rentre chez elle et décide de faire une longue promenade avec Scruffles.

En descendant les escaliers de l'**immeuble** de la rue Duviard, Clara rencontre une jeune **voisine**, élégante et souriante. Elle porte une jolie veste en **daim** verte, un jean bleu clair moulant, des chaussures noires simples et fines, et un petit **haut vert d'eau**. Ses yeux sont verts, ses cheveux sont châtains, relevés en chignon un peu **touffu**. Elle descend les escaliers en courant et en chantant, un casque sur les oreilles. Quand Clara la voit, elle engage tout de suite la conversation.

Promenade (f) (nom commun) : walk, stroll

La veille (f) (nom commun) : the day before, the night before
Pompette (adjectif) : tipsy
Complice (m, f) (nom commun) : accomplice, partner
Faire plaisir à (locution verbale + preposition) : to make [sb] happy
À l'écart (locution adverbiale) : standing apart, to be left out
Immeuble (m) (nom commun) : building, apartment block
Voisin (m) (nom commun) : neighbor
Daim (m) (nom commun) : suede
Haut (m) (nom commun) : top
Vert d'eau (adjectif) : aqua color
Touffu (adjectif) : bushy

« Bonjour ! Je suis Clara, une nouvelle voisine, et **voici** mon chien Scruffles. Vous habitez ici ? demande-t-elle **poliment**.

- Bonjour ! Moi, c'est Constance. Oui, j'habite ici ! Il est bien **mignon** votre chien. Vous n'êtes pas d'ici, si ? C'est un **prénom** peu commun pour un chien, répond la voisine.

- Dites plutôt que j'ai un accent américain **à couper au couteau** ! répond Clara, en riant.

- Ce n'est pas ce que je voulais dire, mais **en effet**, vous avez un petit accent, dit Constance en souriant. Vous êtes étudiante ? On peut se dire « tu, » peut-être ? On a un peu le même âge je crois…

- **Avec plaisir** ! répond Clara. Oui, je suis étudiante ici, pour une année. Je suis arrivée en **janvier** et maintenant j'habite en colocation au troisième étage de l'immeuble avec une amie, elle s'appelle Céline. Nous sommes deux. Deux plus le chien, bien sûr.

- Tu es venue des États-Unis avec ton chien ? demande encore Constance.

- Non, je l'ai trouvé dans la rue, un **chiot** abandonné ! explique Clara. Mais, je dois filer… On se prévoit un apéritif **un de ces quatre** ?

- Avec plaisir, attends, je te donne mon numéro ! » propose Constance.

Voici (pronom démonstratif) : here is, this is
Poliment (adverbe) : politely

Mignon (adjectif) : cute, adorable
Prénom (m) (nom commun) : first name
À couper au couteau (locution adjectivale) : thick, heavy
En effet (locution adverbiale) : indeed, in fact
Avec plaisir (locution verbale) : with pleasure
Janvier (m) (nom commun) : January
Chiot (m) (nom commun) : puppy
Un de ces quatre (locution adverbiale) : one of these days

Les deux voisines **échangent** alors leurs coordonnées et chacune part de son côté. Clara se dirige vers un parc pour la promenade du chien. Sur le chemin, elle téléphone à Julien pour lui proposer de la rejoindre pour le déjeuner dans un petit bistrot. Le soleil **brille** et elle **est de** très **bonne humeur**. Le chien farfouille dans les buissons, il est tout heureux aussi.

Sur le chemin du retour, elle s'arrête dans un petit café où l'on fait un plat du jour délicieux et pas **cher**, pour attendre Julien. En attendant, elle commande un **verre de vin blanc**. Elle commence à apprécier le vin, à petites doses, et elle trouve très agréable de boire un verre en apéritif, comme les Français. Sur la table d'à côté, elle écoute deux hommes discuter. Ils sont **maraîchers** et vendent des légumes et du fromage sur le marché de la Croix-Rousse : elle les a déjà vus en faisant le marché. Ils racontent des histoires du quartier, et Clara trouve cela très sympa à écouter. Il y a une vraie vie de quartier !

Puis elle **consulte** ses mails sur son téléphone. Une surprise l'attend... Elle a reçu un mail d'Academia, l'entreprise avec laquelle elle a eu un entretien d'embauche ! Elle n'**ose** pas ouvrir le mail et décide d'attendre Julien pour le lire. Julien arrive enfin, en courant.

Échanger (verbe) : to exchange
Briller (verbe) : to shine
Être de bonne humeur (locution verbale) : to be in a good mood
Farfouiller (verbe) : to rummage through
Cher (adjectif) : expensive, costly
Verre de vin blanc (m) (nom commun) : glass of white wine
Maraîcher (m) (nom commun) : market gardener
Consulter (verbe) : to check
Oser (verbe) : to dare

« Pardon, je **suis** un peu **à la bourre**, le métro était **en panne** pendant

quelques minutes, dit-il pour s'excuser et en l'embrassant.

- Aucun **souci**, je suis **à l'aise** ! répond Clara, souriante.

- Tu as quelque chose à me dire ? demande Julien, qui **devine** un peu d'impatience dans le **regard** de sa copine.

- Alors, je ne sais pas encore, mais j'ai reçu un mail, et je n'ose pas l'ouvrir... Un mail d'Academia, répond Clara, un peu **crispée**.

- Ha ha ! dit Julien. Tu veux l'ouvrir avec moi ? propose-t-il.

- Non, ouvre-le, toi, s'il te plaît ! J'ai trop peur ! » demande Clara.

Julien s'assoit, commande une bière, prend le téléphone de sa copine et lui dit : « T'es prête ? » Oui, elle est prête ! Il ouvre le mail, l'air concentré. Il **garde** une expression neutre en lisant **attentivement**. Puis il regarde Clara tristement :

« Tu n'as pas été reçue, je suis désolé... lui annonce-t-il. Ils te remercient de l'intérêt porté à leur entreprise mais estiment que ton niveau de français n'est pas assez bon...

- Oh, **zut**... dit Clara, visiblement très **déçue**. J'étais sûre que ça s'était bien passé pourtant ! »

Être à la bourre (locution verbale) : to be running late
En panne (locution adjectivale) : out of order, down, not working
Souci (m) (nom commun) : worry
À l'aise (locution verbale) : comfortable, at ease
Deviner (verbe) : to perceive, to sense (in this context)
Regard (m) (nom commun) : expression, look
Crispé (adjectif) : tense, nervous
Garder (verbe) : to keep
Attentivement (adverbe) : attentively, carefully
Zut (interjection) : darn
Déçu (adjectif) : disappointed

Mais Julien **éclate de rire** : « C'était une **blague** ma belle ! Tu as le job ! **Félicitations** ! Ton premier entretien d'embauche et bam ! Tu as le poste !

C'est formidable, tu es la meilleure, je suis fier de toi. » Clara **explose** de joie. C'est fantastique, elle a un travail ; et un travail intéressant, en plus, pas un travail d'étudiant dans la restauration. Elle va accompagner des élèves dans leur **apprentissage**. Ça va être tellement enrichissant ! La bière de Julien vient d'être posée sur la table, et les deux amoureux **trinquent** en riant : « à ton nouveau **boulot** ! » Les deux hommes de la table d'à côté entendent la conversation et se joignent à eux pour la féliciter. Bientôt, toute la terrasse du petit restaurant est au courant de la bonne nouvelle. Clara **rougit** quand tout le monde lève son verre à sa santé.

Décidément, elle adore son nouveau quartier et sa nouvelle vie. Julien commande une demi-bouteille de champagne et tous deux dégustent un excellent plat du jour en **bavardant** sur l'avenir. Scruffles dort gentiment à côté d'eux. Quelle belle journée !

Éclater de rire (locution verbale) : to burst out laughing
Blague (f) (nom commun) : joke
Félicitations (interjection) : congratulations
Exploser (verbe) : to explode
Apprentissage (m) (nom commun) : learning process
Trinquer (verbe) : to clink glasses
Boulot (m) (nom commun) : job, work
Rougir (verbe) : to blush, to go red
Décidément (adverbe) : really, truly
Bavarder (verbe) : to chat, to talk

Questions (Chapitre 7)

1. Quel est le sentiment de Clara après sa rencontre avec Constance ?
a) Surprise
b) Ennui
c) Plaisir
d) Déception

2. Que propose Clara à Julien lors de leur déjeuner au bistrot ?
a) De commander du vin
b) D'ouvrir un mail important
c) De rencontrer ses nouveaux voisins
d) D'attendre des amis pour un apéritif

3. Comment Clara réagit-elle à l'annonce de Julien concernant le mail d'Academia ?
a) Elle éclate de rire
b) Elle se met à pleurer
c) Elle devient nerveuse
d) Elle se montre déçue

4. Quelle est la nouvelle de Clara après l'ouverture du mail ?
a) Elle a été rejetée
b) Elle n'a pas été retenue
c) Elle a obtenu le poste
d) Elle doit passer un autre entretien

5. Comment se termine la journée de Clara et Julien après la réception de la bonne nouvelle ?
a) Ils restent au petit café, commandent une demi-bouteille de champagne et mangent
b) Ils rentrent chez eux et se préparent pour une soirée au cinéma
c) Ils organisent une fête chez Clara avec leurs amis
d) Ils vont faire une promenade romantique

7. Un nouveau travail pour Clara !

Le week-end se passe comme tous les week-ends : tennis avec Christophe, promenades avec les amis, repas dans le nouvel appartement. Le samedi, le tennis se passe bien, mais Christophe et Céline sont un peu fatigués : ils se sont couchés tard la veille, un peu pompettes. Céline est rentrée vers une heure du matin, tout doucement pour ne pas faire de bruit, sans réveiller Clara. Sur le court de tennis, Céline et Christophe sont visiblement complices, ce qui fait très plaisir à Clara ; mais elle se sent un peu à l'écart, et elle ne se joint pas à eux pour le café après la leçon. Au lieu de ça, elle rentre chez elle et décide de faire une longue promenade avec Scruffles.

En descendant les escaliers de l'immeuble de la rue Duviard, Clara rencontre une jeune voisine, élégante et souriante. Elle porte une jolie veste en daim verte, un jean bleu clair moulant, des chaussures noires simples et fines, et un petit haut vert d'eau. Ses yeux sont verts, ses cheveux sont châtains, relevés en chignon un peu touffu. Elle descend les escaliers en courant et en chantant, un casque sur les oreilles. Quand Clara la voit, elle engage tout de suite la conversation.

« Bonjour ! Je suis Clara, une nouvelle voisine, et voici mon chien Scruffles.

7. A new job for Clara!

The weekend goes like any other; tennis with Christophe, walks with friends, meals in the new apartment. On Saturday, tennis goes well, but Christophe and Céline are a little tired. They went to bed late the night before, a little tipsy. Céline came home around one in the morning, quietly so as not to make a noise, without waking Clara. On the tennis court, Céline and Christophe are clearly partners, which makes Clara very happy. But she feels a little left out, and doesn't join them for coffee after the lesson. Instead, she goes home and decides to take a long walk with Scruffles.

Going down the stairs of the apartment building on Duviard street, Clara meets a young neighbor; elegant and smiling. She's wearing a pretty green suede jacket, tight-fiting light blue jeans, simple slim black shoes, and a little sea green top. Her eyes are green; her hair is brown, pulled up in a messy bun. She runs down the stairs singing, headphones on. When Clara sees her, she immediately strikes up a conversation.

"Hello! I'm Clara, a new neighbor, and this is my dog Scruffles. Do you

Vous habitez ici ? demande-t-elle poliment.	live here? she asks politely.
- Bonjour ! Moi, c'est Constance. Oui, j'habite ici ! Il est bien mignon votre chien. Vous n'êtes pas d'ici, si ? C'est un prénom peu commun pour un chien, répond la voisine.	- Hi, Clara! I'm Constance. Yes, I live here! What a cute dog. You're not from here, are you? That's an unusual name for a dog, replies the neighbor.
- Dites plutôt que j'ai un accent américain à couper au couteau ! répond Clara, en riant.	- You might say I have a thick American accent! replies Clara, laughing.
- Ce n'est pas ce que je voulais dire, mais en effet, vous avez un petit accent, dit Constance en souriant. Vous êtes étudiante ? On peut se dire « tu, » peut-être ? On a un peu le même âge je crois...	- That's not what I meant, but you do have a bit of an accent, says Constance with a smile. Are you a student? We can say "you," perhaps? I think we're about the same age...
- Avec plaisir ! répond Clara. Oui, je suis étudiante ici, pour une année. Je suis arrivée en janvier et maintenant j'habite en colocation au troisième étage de l'immeuble avec une amie, elle s'appelle Céline. Nous sommes deux. Deux plus le chien, bien sûr.	- With pleasure! replies Clara. Yes, I'm a student, here for a year. I arrived in January. Now I live in a shared apartment on the third floor with a friend, her name is Céline. There are two of us. Two plus the dog, of course.
- Tu es venue des États-Unis avec ton chien ? demande encore Constance.	- Did you bring your dog from the States? Constance asks again.
- Non, je l'ai trouvé dans la rue, un chiot abandonné ! explique Clara. Mais, je dois filer... On se prévoit un apéritif un de ces quatre ?	- No, I found him on the street, an abandoned puppy! explains Clara. But I've got to run... How about an aperitif one of these days?
- Avec plaisir, attends, je te donne mon numéro ! » propose Constance.	- I'd love to. Wait, I'll give you my number!" suggests Constance.
Les deux voisines échangent alors	The two neighbors exchange contact

leurs coordonnées et chacune part de son côté. Clara se dirige vers un parc pour la promenade du chien. Sur le chemin, elle téléphone à Julien pour lui proposer de la rejoindre pour le déjeuner dans un petit bistrot. Le soleil brille et elle est de très bonne humeur. Le chien farfouille dans les buissons, il est tout heureux aussi.

Sur le chemin du retour, elle s'arrête dans un petit café où l'on fait un plat du jour délicieux et pas cher, pour attendre Julien. En attendant, elle commande un verre de vin blanc. Elle commence à apprécier le vin, à petites doses, et elle trouve très agréable de boire un verre en apéritif, comme les Français. Sur la table d'à côté, elle écoute deux hommes discuter. Ils sont maraîchers et vendent des légumes et du fromage sur le marché de la Croix-Rousse : elle les a déjà vus en faisant le marché. Ils racontent des histoires du quartier, et Clara trouve cela très sympa à écouter. Il y a une vraie vie de quartier !

Puis elle consulte ses mails sur son téléphone. Une surprise l'attend... Elle a reçu un mail d'Academia, l'entreprise avec laquelle elle a eu un entretien d'embauche ! Elle n'ose pas ouvrir le mail et décide d'attendre Julien pour le lire. Julien arrive enfin, en courant.

« Pardon, je suis un peu à la bourre, le métro était en panne pendant

details and go their separate ways. Clara heads for a park to walk the dog. On the way, she phones Julien to ask him to join her for lunch at a little bistro. The sun is shining and she's in high spirits. The dog is poking around in the bushes, he's happy too.

On the way back, she stops off at a small café, where they serve a delicious and inexpensive daily special, to wait for Julien. While waiting, she orders a glass of white wine. She's beginning to appreciate wine in small doses, and finds it very pleasant to have a glass as an aperitif like the French. At the next table, she listens to two men talking. They're market gardeners, and sell vegetables and cheese at the Croix-Rousse market. She's already seen them while shopping at the market. They're telling stories about the neighborhood, and Clara finds it very nice to listen to. This is real neighborhood life!

Then she checks her e-mails on her phone. A surprise awaits her. She's received an e-mail from Academia, the company with which she had a job interview! She doesn't dare open the e-mail and decided to wait for Julien to read it. Julien finally arrives, running.

"Sorry, I'm a little late. The subway was out of order for a few minutes,

quelques minutes, dit-il pour s'excuser et en l'embrassant.

- Aucun souci, je suis à l'aise ! répond Clara, souriante.

- Tu as quelque chose à me dire ? demande Julien, qui devine un peu d'impatience dans le regard de sa copine.

- Alors, je ne sais pas encore, mais j'ai reçu un mail, et je n'ose pas l'ouvrir... Un mail d'Academia, répond Clara, un peu crispée.

- Ha ha ! dit Julien. Tu veux l'ouvrir avec moi ? propose-t-il.

- Non, ouvre-le, toi, s'il te plaît ! J'ai trop peur ! » demande Clara.

Julien s'assoit, commande une bière, prend le téléphone de sa copine et lui dit : « T'es prête ? » Oui, elle est prête ! Il ouvre le mail, l'air concentré. Il garde une expression neutre en lisant attentivement. Puis il regarde Clara tristement :

« Tu n'as pas été reçue, je suis désolé... lui annonce-t-il. Ils te remercient de l'intérêt porté à leur entreprise mais estiment que ton niveau de français n'est pas assez bon...

- Oh, zut... dit Clara, visiblement très déçue. J'étais sûre que ça s'était bien passé pourtant ! »

he said, apologizing and kissing her.

- No worries, I'm comfortable! replies Clara, smiling.

- Do you have something to tell me? asks Julien, who senses a little impatience in his girlfriend's eyes.

- Well, I don't know yet, but I've just received an e-mail and I don't dare open it. An e-mail from Academia, replies Clara, a little tense.

- Ah! says Julien. Do you want to open it with me?

- No, open it, please! I'm too scared!" say Clara.

Julien sits down, orders a beer, grabs his girlfriend's phone and says, "Are you ready?" Yes, she's ready! He opens the e-mail, concentrating. He keeps a neutral expression as he reads carefully. Then he looks at Clara sadly:

"You haven't been accepted, I'm sorry, he tells her. They thank you for your interest in their company but feel your French isn't good enough.

- Oh, darn... says Clara, visibly very disappointed. I was sure it went well, though!"

Mais Julien éclate de rire : « C'était une blague ma belle ! Tu as le job ! Félicitations ! Ton premier entretien d'embauche et bam ! Tu as le poste ! C'est formidable, tu es la meilleure, je suis fier de toi. » Clara explose de joie. C'est fantastique, elle a un travail ; et un travail intéressant, en plus, pas un travail d'étudiant dans la restauration. Elle va accompagner des élèves dans leur apprentissage. Ça va être tellement enrichissant ! La bière de Julien vient d'être posée sur la table, et les deux amoureux trinquent en riant : « à ton nouveau boulot ! » Les deux hommes de la table d'à côté entendent la conversation et se joignent à eux pour la féliciter. Bientôt, toute la terrasse du petit restaurant est au courant de la bonne nouvelle. Clara rougit quand tout le monde lève son verre à sa santé.

Décidément, elle adore son nouveau quartier et sa nouvelle vie. Julien commande une demi-bouteille de champagne et tous deux dégustent un excellent plat du jour en bavardant sur l'avenir. Scruffles dort gentiment à côté d'eux. Quelle belle journée !

But Julien bursts out laughing. "It was a joke, honey! You got the job! Congratulations! Your first job interview and, bam, you have the job. That's great, you're the best, I'm so proud of you." Clara explodes with joy. It's fantastic, she has a job and an interesting one, at that, not a student job in the restaurant business. She's going to help students in their learning. It's going to be so rewarding. Julien's beer has just been placed on the table, and the two lovers toast, laughing. "To your new job!" The two men at the next table overhear the conversation and join in to congratulate her. Soon, the whole terrace of the little restaurant knows the good news. Clara blushes as everyone raises a glass to her health.

She definitely loves her new neighborhood and her new life. Julien orders half a bottle of champagne and they enjoy the excellent special of the day while chatting about the future. Scruffles sleeps gently beside them. What a great day!

Questions (Chapitre 7)

1. Quel est le sentiment de Clara après sa rencontre avec Constance ?
a) Surprise
b) Ennui
c) Plaisir
d) Déception

2. Que propose Clara à Julien lors de leur déjeuner au bistrot ?
a) De commander du vin
b) D'ouvrir un mail important
c) De rencontrer ses nouveaux voisins
d) D'attendre des amis pour un apéritif

3. Comment Clara réagit-elle à l'annonce de Julien concernant le mail d'Academia ?
a) Elle éclate de rire
b) Elle se met à pleurer
c) Elle devient nerveuse
d) Elle se montre déçue

4. Quelle est la nouvelle de Clara après l'ouverture du mail ?
a) Elle a été rejetée
b) Elle n'a pas été retenue
c) Elle a obtenu le poste
d) Elle doit passer un autre entretien

5. Comment se termine la journée de Clara et Julien après la réception de la bonne nouvelle ?
a) Ils restent au petit café, commandent une demi-bouteille de champagne et mangent

Questions (Chapter 7)

1. What is Clara's feeling after her meeting with Constance?
a) Surprise
b) Boredom
c) Pleasure
d) Disappointment

2. What does Clara suggest to Julien during their lunch at the bistro?
a) Ordering wine
b) Opening an important email
c) Meeting her new neighbors
d) Waiting for friends for an aperitif

3. How does Clara react to Julien's announcement regarding the Academia email?
a) She bursts out laughing
b) She starts crying
c) She becomes nervous
d) She appears disappointed

4. What is Clara's news after opening the email?
a) She has been rejected
b) She has not been selected
c) She got the job
d) She has to go through another interview

5. How does Clara and Julien's day end after receiving the good news?
a) They stay at the small café, order a half-bottle of champagne, and eat
b) They go back home and get ready for a movie night out

b) Ils rentrent chez eux et se préparent pour une soirée au cinéma
c) Ils organisent une fête chez Clara avec leurs amis
d) Ils vont faire une promenade romantique

c) They throw a party at Clara's place with their friends
d) They go for a romantic stroll

8. Une fin de mois bien remplie

Quand Céline rentre le soir, elle est avec Christophe. Ils ont passé la journée ensemble à **se promener** et à discuter. Céline lui a proposé de passer chez elles dans la soirée pour dîner. Julien et Clara sont là **tous les deux**, et Clara se précipite pour **donner** la bonne nouvelle à son amie. Céline et Christophe se réjouissent pour elle, bien **évidemment**. Puis ils écrivent une liste de course pour préparer un bon repas : ils vont faire un gratin dauphinois, spécialité de la région du Dauphiné, au sud de Lyon. La recette est très simple et c'est délicieux : il faut des **pommes de terre**, du lait, de l'**ail**, de la crème, et c'est tout ! Mais Céline aime ajouter des champignons.

Christophe et Julien ont la charge d'**éplucher** et de **couper** les pommes de terre en fines **tranches**, Clara prépare une salade et Céline prépare un rôti de porc à l'ail et à la **moutarde** – car à Lyon, on mange souvent du porc, c'est une spécialité. Quand le gratin est au **four**, quelqu'un frappe à la porte. Clara va ouvrir : c'est Constance, qui porte un bouquet de fleurs à la main.

Se promener (verbe pronominal) : to go for a walk
Tous les deux (locution pronominal) : both
Donner (verbe) : to give
Évidemment (adverbe) : obviously, clearly

Pomme de terre (f) (nom commun) : potato
Ail (m) (nom commun) : garlic
Éplucher (verbe) : to peel
Couper (verbe) : to cut, to slice
Tranche (f) (nom commun) : slice
Moutarde (f) (nom commun) : mustard
Four (m) (nom commun) : oven

« Excusez-moi de vous **déranger**, je passe juste ! Je voulais juste vous souhaiter la bienvenue dans l'immeuble, dit-elle en souriant.

- Oh, fantastique ! Mais, merci beaucoup, mais entre, voyons, lui dit Clara, ravie de **revoir** sa voisine. On **fait à manger**, tu dînes avec nous ? »

Et Clara présente **tout le monde** et on sert un petit apéritif. Céline place les fleurs dans un vase au milieu de la table, et Julien dispose des **assiettes** et des **couverts**. Chacun fait la connaissance de Constance. Elle a vingt et un ans, elle étudie la restauration de tableaux anciens et elle est bénévole dans une association culturelle à la Friche, un squat connu à Lyon pour son activité culturelle underground **trépidante**. Céline suggère qu'elle doit connaître Max : en effet, Constance le connaît très bien ! C'est un grand ami. Le monde est petit.

« **Au fait**, à la fin du mois de **mai**, c'est-à-dire la semaine prochaine, il y a le festival des Nuits sonores à Lyon, vous connaissez ? demande Constance.

- Ah oui, je connais bien, répond Christophe. J'y vais chaque année !

- **Alors** moi je connais mais je n'y suis jamais allée, il se passe quoi ? demande Céline.

- C'est un festival de musique électronique. La scène lyonnaise est intéressante, mais il y a aussi des artistes internationaux. C'est **vraiment** super, vous voulez venir avec moi ? propose Constance, enthousiaste.

- Alors moi j'ai beaucoup de travail pour la fac et je commence un nouveau travail cette semaine en parallèle, mais le week-end **prochain** avec plaisir, » dit Clara.

Déranger (verbe) : to disturb, to bother

Revoir (verbe) : to see [sb] again
Faire à manger (locution verbale) : to do the cooking, to cook
Tout le monde (locution pronominal) : everybody, everyone, all
Assiette (f) (nom commun) : plate
Couvert (m) (nom commun) : cutlery, silverware
Trépidant (adjectif) : frantic, hectic, wild
Au fait (interjection) : by the way, actually
Mai (m) (nom commun) : May
Alors (adverbe) : then, in that case
Vraiment (adverbe) : truly, actually, really
Prochain (adjectif) : next [day, week]

Les cinq amis s'organisent pour **se retrouver** pour le festival. Christophe suggère qu'ils se retrouvent au Parc des Chartreux, **où** sont organisées les « **siestes** sonores » : il y a des **transats**, des **hamacs**, de la musique électronique calme à écouter en silence, les yeux fermés. Julien regarde la programmation sur Internet et propose un concert à la Sucrière le samedi soir.

Le programme est donc prêt pour le week-end suivant – après le cours de tennis, **bien entendu**.

Le dimanche se passe très tranquillement : **en prévision d'**une semaine chargée, Clara travaille sur son exposé sur Pompéi, et Céline révise ses cours pour les partiels. Clara **fait** également **au mieux** pour réviser ses cours, mais elle est plus absorbée par son nouveau travail. Elle passe beaucoup de temps à lire son contrat, qu'elle doit **signer** bientôt, et à comprendre le fonctionnement de l'entreprise. Elle lit aussi des choses sur le **tutorat**, les techniques, les programmes. Enfin, elle vérifie qu'elle a bien pris le rendez-vous chez le vétérinaire pour le week-end prochain, pour finaliser la question des vaccins de Scruffles.

Le début de la semaine se passe bien, **malgré** le stress : beaucoup de travail, le rendez-vous avec Academia pour finaliser le contrat et parler des **horaires de travail**, l'exposé sur Pompéi. Finalement, tout se passe bien ! Mais les filles sont **épuisées** quand arrive le vendredi.

Se retrouver (verbe pronominal) : to meet, to meet again
Où (adverbe) : where
Sieste (f) (nom commun) : siesta, afternoon nap
Transat (f) (nom commun) : deckchair

Hamac (m) (nom commun) : hammock
Bien entendu (locution adverbiale) : of course, naturally
En prévision de (locution adverbiale) : in anticipation of
Faire au mieux (locution verbale) : to do your best
Signer (verbe) : to sign
Tutorat (m) (nom commun) : tutoring
Malgré (préposition) : despite, in spite of
Horaires de travail (m, pl) (nom commun) : working hours
Épuisé (adjectif) : exhausted, worn out

Clara a fait son premier entretien de négociation de contrat : elle a parlé des horaires, de ses **engagements** et des engagements de l'entreprise. Elle doit travailler jusqu'au mois de **juillet**, puis elle aura deux mois de vacances. Comme c'est une **période d'essai**, le contrat sera à **renouveler** en septembre si tout s'est bien passé. Elle doit se rendre disponible en soirée toute la semaine, à la demande. Les termes et conditions sont très **précis**, ce qui rassure beaucoup Clara. L'**équipe** semble jeune et dynamique. Clara commence le jeudi soir, le jour de son exposé sur Pompéi. Heureusement, elle a commencé avec un élève facile, plutôt doué et attentif.

Quand elle fait le compte de son salaire - charges déduites - elle réalise qu'elle va pouvoir payer son loyer **elle-même**. C'est une véritable **fierté** pour la jeune femme, et une grande inspiration pour Céline, qui est très **admirative** de son amie. Étrangère, jeune étudiante, et déjà presque indépendante ! C'est un bel exploit. Céline se promet de trouver un travail rapidement.

En plus de tout ce travail, les deux amies se lient d'**amitié** avec leur nouvelle voisine. Comme Max passe la voir souvent, c'est l'occasion de prendre le café ensemble, le thé ou un verre de vin. Très vite, elles instaurent un groupe WhatsApp d'immeuble, sur lequel elles sont toutes les trois. Constance propose d'aider pour Scuffles, en échange, Clara propose **régulièrement** de rapporter quelque chose quand elle passe au magasin. C'est une nouvelle amitié qui commence !

Engagement (m) (nom commun) : commitment
Juillet (m) (nom commun) : July
Période d'essai (f) (nom commun) : trial period
Renouveler (verbe) : to renew
Précis (adjectif) : precise, exact
Équipe (f) (nom commun) : team

Elle-même (pronom) : herself
Fierté (f) (nom commun) : pride
Admiratif (adjectif) : admiring, impressed
Amitié (f) (nom commun) : friendship
Régulièrement (adverbe) : regularly

Questions (Chapitre 8)

1. Que prévoient de préparer Céline et Christophe pour le dîner ?
a) Un gratin dauphinois
b) Des pâtes à la bolognaise
c) Des crêpes salées
d) Une salade de fruits

2. Comment Constance est-elle accueillie par Clara et les autres ?
a) Avec surprise
b) Avec indifférence
c) Avec hostilité
d) Avec enthousiasme

3. À quel événement les amis envisagent-ils de participer ensemble ?
a) Une compétition de tennis
b) Un festival de musique électronique
c) Une exposition d'art
d) Un marché artisanal

4. Quelle activité Clara prévoit-elle pour le dimanche ?
a) Travailler sur son exposé
b) Aller au cinéma
c) Faire une randonnée
d) Réviser pour les partiels

5. Comment Clara se sent-elle après son entretien de négociation de contrat ?
a) Stressée
b) Désespérée
c) Enthousiaste
d) Déçue

8. Une fin de mois bien remplie

Quand Céline rentre le soir, elle est avec Christophe. Ils ont passé la journée ensemble à se promener et à discuter. Céline lui a proposé de passer chez elles dans la soirée pour dîner. Julien et Clara sont là tous les deux, et Clara se précipite pour donner la bonne nouvelle à son amie. Céline et Christophe se réjouissent pour elle, bien évidemment. Puis ils écrivent une liste de course pour préparer un bon repas : ils vont faire un gratin dauphinois, spécialité de la région du Dauphiné, au sud de Lyon. La recette est très simple et c'est délicieux : il faut des pommes de terre, du lait, de l'ail, de la crème, et c'est tout ! Mais Céline aime ajouter des champignons.

Christophe et Julien ont la charge d'éplucher et de couper les pommes de terre en fines tranches, Clara prépare une salade et Céline prépare un rôti de porc à l'ail et à la moutarde – car à Lyon, on mange souvent du porc, c'est une spécialité. Quand le gratin est au four, quelqu'un frappe à la porte. Clara va ouvrir : c'est Constance, qui porte un bouquet de fleurs à la main.

« Excusez-moi de vous déranger, je passe juste ! Je voulais juste vous souhaiter la bienvenue dans l'immeuble, dit-elle en souriant.

8. A busy end of the month

When Céline comes home in the evening, she's with Christophe. They've spent the day together, walking and talking. Céline asked him to come over for dinner that evening. Julien and Clara are both there, and Clara rushes to tell her friend the good news. Céline and Christophe are happy for her, of course. Then they write down a shopping list to prepare a good meal. They're going to make gratin dauphinois, a specialty of the Dauphiné region, south of Lyon. The recipe is simple and it's delicious. You need potatoes, milk, garlic, cream and that's it! But Céline likes to add mushrooms.

Christophe and Julien are in charge of peeling and thinly slicing the potatoes, Clara prepares a salad, and Céline prepares a roast pork with garlic and mustard. In Lyon, pork is often eaten, it's a specialty. When the gratin is in the oven, someone knocks on the door. Clara goes to open it. It's Constance, carrying a bouquet of flowers in her hand.

"Excuse me for bothering you, I'm just stopping by! I want to welcome you to the building, she says smiling.

- Oh, fantastique ! Mais merci beaucoup, mais entre, voyons, lui dit Clara, ravie de revoir sa voisine. On fait à manger, tu dînes avec nous ? »

Et Clara présente tout le monde et on sert un petit apéritif. Céline place les fleurs dans un vase au milieu de la table, et Julien dispose des assiettes et des couverts. Chacun fait la connaissance de Constance. Elle a vingt et un ans, elle étudie la restauration de tableaux anciens et elle est bénévole dans une association culturelle à la Friche, un squat connu à Lyon pour son activité culturelle underground trépidante. Céline suggère qu'elle doit connaître Max : en effet, Constance le connaît très bien ! C'est un grand ami. Le monde est petit.

« Au fait, à la fin du mois de mai, c'est-à-dire la semaine prochaine, il y a le festival des Nuits sonores à Lyon, vous connaissez ? demande Constance.

- Ah oui, je connais bien, répond Christophe. J'y vais chaque année !

- Alors moi je connais mais je n'y suis jamais allée, il se passe quoi ? demande Céline.

- C'est un festival de musique électronique. La scène lyonnaise est intéressante, mais il y a aussi des artistes internationaux. C'est

- Oh, fantastic! Thank you very much. Come in, let's see, says Clara, delighted to see her neighbor again. We're making dinner; would you like to join us?"

Clara introduces everyone and serves a small aperitif. Céline places the flowers in a vase in the middle of the table, and Julien sets out plates and cutlery. Everyone meets Constance. She's twenty-one, studies the restoration of old paintings, and volunteers at a cultural association at La Friche; a squat known in Lyon for its vibrant underground cultural activity. Céline asks if she knows Max. In fact, Constance knows him very well. He's a great friend. It's a small world.

"By the way, at the end of May, next week, there's the Nuits Sonores festival in Lyon. Do you know it? asks Constance.

- Ah yes, I know it well, replies Christophe. I go every year!

- Well, I know it, but I've never been. What's happening? asks Céline.

- It's an electronic music festival. The Lyon scene is interesting, but there are also international artists. It's really great, would you like to come with

vraiment super, vous voulez venir avec moi ? propose Constance, enthousiaste.

- Alors moi j'ai beaucoup de travail pour la fac et je commence un nouveau travail cette semaine en parallèle, mais le week-end prochain avec plaisir, » dit Clara.

Les cinq amis s'organisent pour se retrouver pour le festival. Christophe suggère qu'ils se retrouvent au Parc des Chartreux, où sont organisées les « siestes sonores » : il y a des transats, des hamacs, de la musique électronique calme à écouter en silence, les yeux fermés. Julien regarde la programmation sur Internet et propose un concert à la Sucrière le samedi soir.

Le programme est donc prêt pour le week-end suivant – après le cours de tennis, bien entendu.

Le dimanche se passe très tranquillement : en prévision d'une semaine chargée, Clara travaille sur son exposé sur Pompéi, et Céline révise ses cours pour les partiels. Clara fait également au mieux pour réviser ses cours, mais elle est plus absorbée par son nouveau travail. Elle passe beaucoup de temps à lire son contrat, qu'elle doit signer bientôt, et à comprendre le fonctionnement de l'entreprise. Elle lit aussi des choses sur le tutorat, les techniques, les programmes. Enfin, elle vérifie

me? asks Constance, enthusiastically.

- Well, I've got a lot of work to do for university, and I'm starting a new job this week. But I'd love to go next weekend," says Clara.

The five friends arrange to meet for the festival. Christophe suggests they meet at the Parc des Chartreux, where the "siestes sonores" are organized. There are deckchairs, hammocks and calm electronic music to listen to in silence, eyes closed. Julien looks at the program on the Internet and proposes a concert at La Sucrière on Saturday evening.

The agenda is ready for the following weekend; after the tennis lesson, of course.

Sunday passes very quietly. Anticipating a busy week ahead, Clara works on her Pompeii presentation and Céline studies for her midterm exams. Clara also does her best to review her lessons, but she's more absorbed by her new job. She spends a lot of time reading her contract, which she has to sign soon, and understanding how the company works. She also reads about tutoring, techniques and programs. Finally, she checks that she has made the vet's appointment for next weekend

qu'elle a bien pris le rendez-vous chez le vétérinaire pour le week-end prochain, pour finaliser la question des vaccins de Scruffles.

Le début de la semaine se passe bien, malgré le stress : beaucoup de travail, le rendez-vous avec Academia pour finaliser le contrat et parler des horaires de travail, l'exposé sur Pompéi. Finalement, tout se passe bien ! Mais les filles sont épuisées quand arrive le vendredi.

Clara a fait son premier entretien de négociation de contrat : elle a parlé des horaires, de ses engagements et des engagements de l'entreprise. Elle doit travailler jusqu'au mois de juillet, puis elle aura deux mois de vacances. Comme c'est une période d'essai, le contrat sera à renouveler en septembre si tout s'est bien passé. Elle doit se rendre disponible en soirée toute la semaine, à la demande. Les termes et conditions sont très précis, ce qui rassure beaucoup Clara. L'équipe semble jeune et dynamique. Clara commence le jeudi soir, le jour de son exposé sur Pompéi. Heureusement, elle a commencé avec un élève facile, plutôt doué et attentif.

Quand elle fait le compte de son salaire - charges déduites - elle réalise qu'elle va pouvoir payer son loyer elle-même. C'est une véritable fierté pour la jeune femme, et une grande inspiration pour Céline, qui est très

to complete Scruffles' vaccines.

The start of the week is going well, despite the stress. Lots of work, the meeting with Academia to finalize the contract and talk about working hours, and the presentation on Pompeii. In the end, all went well, but the girls are exhausted by Friday.

Clara had her first contract negotiation interview. She talked about schedules, her commitments, and the company's commitments. She has to work until July, then she'll have a two-month vacation. Since this is a trial period, the contract will be renewed in September if all goes well. She must be available, upon request, all week in the evenings. The terms and conditions are very precise, which is very reassuring for Clara. The team seems young and dynamic. Clara starts on Thursday evening, the day of her presentation on Pompeii. Fortunately, she starts with an easy student, rather gifted and attentive.

When she adds up her salary, after deducting expenses, she realizes that she'll be able to pay her own rent. This is a real source of pride for the young woman and a great inspiration for Céline, who has

admirative de son amie. Étrangère, jeune étudiante, et déjà presque indépendante ! C'est un bel exploit. Céline se promet de trouver un travail rapidement.

En plus de tout ce travail, les deux amies se lient d'amitié avec leur nouvelle voisine. Comme Max passe la voir souvent, c'est l'occasion de prendre le café ensemble, le thé ou un verre de vin. Très vite, elles instaurent un groupe WhatsApp d'immeuble, sur lequel elles sont toutes les trois. Constance propose d'aider pour Scuffles, en échange, Clara propose régulièrement de rapporter quelque chose quand elle passe au magasin. C'est une nouvelle amitié qui commence !

great admiration for her friend. A foreigner, a young student, and already almost independent! Quite a feat. Céline promises herself she'll find a job soon.

In addition to all this work, the two friends become friends with their new neighbor. As Max visits her often, it's an opportunity to have coffee, tea, or a glass of wine together. Very quickly, they set up a building WhatsApp group, on which all three of them are members. Constance offers to help out with Scuffles. In exchange, Clara regularly offers to bring something back when she goes to the store. A new friendship begins!

Questions (Chapitre 8)

1. Que prévoient de préparer Céline et Christophe pour le dîner ?
a) Un gratin dauphinois
b) Des pâtes à la bolognaise
c) Des crêpes salées
d) Une salade de fruits

2. Comment Constance est-elle accueillie par Clara et les autres ?
a) Avec surprise
b) Avec indifférence
c) Avec hostilité
d) Avec enthousiasme

3. À quel événement les amis envisagent-ils de participer ensemble ?
a) Une compétition de tennis
b) Un festival de musique électronique
c) Une exposition d'art
d) Un marché artisanal

4. Quelle activité Clara prévoit-elle pour le dimanche ?
a) Travailler sur son exposé
b) Aller au cinéma
c) Faire une randonnée
d) Réviser pour les partiels

5. Comment Clara se sent-elle après son entretien de négociation de contrat ?
a) Stressée
b) Désespérée
c) Enthousiaste
d) Déçue

Questions (Chapter 8)

1. What do Céline and Christophe plan to prepare for dinner?
a) A gratin dauphinois
b) Spaghetti bolognese
c) Savory crepes
d) Fruit salad

2. How is Constance welcomed by Clara and the others?
a) With surprise
b) With indifference
c) With hostility
d) With enthusiasm

3. What event do the friends plan to attend together?
a) A tennis competition
b) An electronic music festival
c) An art exhibition
d) An artisan market

4. What activity does Clara plan for Sunday?
a) Work on her presentation
b) Go to the movies
c) Go hiking
d) Study for exams

5. How does Clara feel after her contract negotiation interview?
a) Stressed
b) Desperate
c) Enthusiastic
d) Disappointed

9. En mai, fais ce qu'il te plaît !

C'est le week-end ! C'est une pause **bien méritée** après une longue semaine. Mais le vendredi, après dix-huit heures, Clara doit aller donner un cours **à domicile** chez un autre élève. Elle est un peu fatiguée, mais très motivée par ce nouveau travail. L'élève, qui s'appelle Antoine, lui donne un peu de mal : il est en difficultés scolaires et n'a pas du tout envie de prendre des cours supplémentaires ! Clara doit avoir de la patience et de la psychologie pour le faire travailler. Elle **choisit** des textes intéressants, adaptés à son niveau et à ses centres d'intérêt. Mais **surtout**, elle se montre souriante, sympathique et **amusante**. À la fin du cours, elle a l'impression que ça va fonctionner ; mais il va lui falloir de la patience, elle en est sûre. Elle le reverra deux fois par semaine, et son objectif est de faire augmenter ses notes et de lui faire aimer l'anglais.

Le vendredi soir, après son cours, elle rentre chez elle puis les filles vont toutes les deux dîner chez les parents de Céline. Ils ont préparé une **blanquette de veau**, plat cher au cœur de Mattéo et de Céline, un plat typiquement français, excellent et que la grand-mère de Céline préparait toujours. C'est un vrai **régal**. Pour le dessert, Mattéo a préparé une île flottante : il se met à la cuisine et il est **plutôt** bon cuisinier ! Comme sa sœur et Clara ne sont plus à

la maison, il cherche à s'occuper et il commence à se lasser de son téléphone – pour le plus grand plaisir de ses parents.

Après le repas, et quand la table est rangée et la vaisselle faite, toute la famille s'installe dans le salon pour discuter et jouer au tarot, un **jeu de cartes** très apprécié des Français. C'est la première fois que Clara joue, mais elle apprend vite. Au début, elle pense que c'est un jeu pour lire l'**avenir**, mais elle comprend vite que c'est **en réalité** un jeu de cartes traditionnel et très drôle avec simplement des cartes supplémentaires ! Comme elle adore le jeu, Céline lui promet de lui enseigner d'autres jeux de cartes français : la belotte, la coinche...

Bien mérité (locution adjectivale) : well deserved
À domicile (locution adverbiale) : at home, from home
Choisir (verbe) : to choose, to select
Surtout (adverbe) : above all, most importantly
Amusant (adjectif) : funny, amusing
Blanquette de veau (f) (nom commun) : veal stew, blanquette of veal
Régal (m) (nom commun) : treat, delight, feast
Plutôt (adverbe) : rather, quite, pretty
Jeu de cartes (m) (nom commun) : card game
Avenir (m) (nom commun) : future
En réalité (locution adverbiale) : in reality, in fact, actually

Quand la famille a bien joué et que tout le monde est fatigué, les filles rentrent chez elles à pied avec Scruffles. Elles ne **veulent** pas se coucher tard, car le lendemain est une longue journée : tennis puis festival des nuits sonores ! Sur le chemin du retour, elles bavardent un peu. Clara voudrait savoir si Céline est toujours intéressée par Christophe.

« Oh, tu sais, **pas tant que ça**, lui dit Céline.

- Vraiment ? Tu en parles tout le temps, **pourtant**... Et, vous vous écrivez un peu ? demande Clara.

- Alors oui, on s'écrit tous les jours ! Il est **plein d'**humour ce Christophe, répond Céline en souriant et en **rougissant** un peu.

- Je vois bien qu'il t'intéresse plus qu'un peu, rétorque Clara en riant. Ça se voit comme le nez au milieu de la figure ! Mais alors, tu es **amoureuse** ?

- Oh, amoureuse, c'est un grand mot ! Disons que je l'aime bien, on s'entend bien... Mais il est trop bien pour moi, je suis sûre qu'il ne s'intéresse pas à moi, dit Céline.

- Voyons, **ma belle**, un garçon qui t'écrit tous les jours... Il m'écrit, à moi, peut-être ? **Réfléchis** un peu, ne sois pas stupide, bien sûr que tu l'intéresses aussi ! » dit Clara, d'un air amusé.

> **Vouloir** (verbe) : to want, to desire
> **Pas tant que ça** (locution adverbiale) : not that much
> **Pourtant** (adverbe) : yet, however
> **Plein de** (adjectif) : full of, filled with
> **Rougissant** (adjectif) : blushing
> **Rétorquer** (verbe) : to retort, to answer back
> **Amoureux** (adjectif) : in love
> **Ma belle** (f) (nom commun) : gorgeous
> **Réfléchir** (verbe) : to think

Sur le Boulevard de la Croix-Rousse, un homme d'un certain âge – probablement entre soixante et soixante-dix ans – visiblement **sans domicile**, **barbu**, grand et mince, vêtu d'un long **manteau** marron **sale**, délavé et rapiécé, d'un pantalon de camouflage à la toile épaisse et de grosses chaussures de marche **en cuir** trouées, adresse aux filles un grand sourire et un « bonsoir. » Clara **sursaute** ; Céline ne sait pas quoi répondre. Mais toutes deux sourient à l'homme et répondent doucement :

« Bonsoir monsieur.

- Ah, j'aime bien quand on me répond ! Les gens sont **impolis**. Le plus souvent, ils passent sans dire bonsoir. Même pas un sourire ! **se plaint** l'homme. Je n'agresse personne ! Je suis là, c'est tout. Je marche, je mange, je dors et je lis.

- Mais, vous dormez **dehors** ? demande Céline.

- Absolument, **à la belle étoile** ! Enfin, quand il pleut, je trouve un refuge. Et pour les grands froids, j'ai des contacts. Je m'appelle Jules et je suis enchanté de **faire** votre **connaissance**, jeunes demoiselles.

- Enchantée également, répond Céline. Voici Clara, Scruffles et moi-même,

Céline.

- Jolis prénoms. Allez, rentrez chez vous, il faut dormir, dit Jules, de sa voix **rauque**. Mais n'oubliez pas l'adage : en mai, fais ce qu'il te plaît ! J'espère que vous respectez les proverbes de nos ancêtres ! »

> **Sans domicile** (fixe) (m, f) (nom commun) : homeless person
> **Barbu** (adjectif) : bearded
> **Manteau** (m) (nom commun) : coat
> **Sale** (adjectif) : dirty
> **En cuir** (locution adjectivale) : leather
> **Sursauter** (verbe) : to startle
> **Impoli** (adjectif) : rude, impolite, discourteous
> **Se plaindre** (verbe pronominal) : to complain
> **Dehors** (adverbe) : outdoors, outside
> **À la belle étoile** (locution adverbiale) : under the stars
> **Faire connaissance** (locution verbale) : to meet
> **Rauque** (adjectif) : hoarse, husky

Les deux amies sont très **étonnées**, presque sans voix. Quel **drôle de** personnage ! Clara avait déjà vu cet homme dans le quartier, mais il ne lui avait jamais **adressé la parole**. Et voilà qu'il leur donne des leçons de vie ! Céline lui explique la signification du proverbe.

« Tu te souviens du proverbe du mois d'avril ? demande-t-elle.

- En avril, ne te découvre pas d'un fil ? répond Clara.

- Voilà ! Eh bien, on dit qu'en mai, le **climat** est enfin bon, et qu'il faut en **profiter** ! Les deux dictons vont ensemble, c'est une paire. En avril, tu ne dois pas prendre froid, mais en mai, tu peux faire ce que tu veux, le climat est meilleur ! » explique Céline.

Clara sourit. Elle vient d'apprendre un **dicton** français, que tout le monde connaît. Elle commencerait presque à se sentir française ! Et puis, cette rencontre, ce vieux monsieur... Il avait l'air d'un **vieux sage**, et elle se dit qu'elle espère le **recroiser** bientôt dans le quartier.

> **Étonné** (adjectif) : surprised, astonished
> **Drôle de** (adjectif) : odd, weird, strange

Adresser la parole (locution verbale) : to speak to, to talk to
Climat (m) (nom commun) : climate, weather
Profiter (verbe) : to enjoy, to take advantage
Dicton (m) (nom commun) : saying
Vieux sage (m) (nom commun) : wise elder
Recroiser (verbe) : to cross [sth/sb] again

Questions (Chapitre 9)

1. Quel jour de la semaine Clara donne-t-elle des cours à Antoine ?
a) Lundi
b) Mardi
c) Jeudi
d) Vendredi

2. Quel plat est préparé par les parents de Céline pour le dîner ?
a) Risotto aux champignons
b) Blanquette de veau
c) Coq au vin
d) Boeuf bourguignon

3. Quel jeu de cartes la famille joue-t-elle après le dîner ?
a) Poker
b) Tarot
c) Uno
d) Blackjack

4. Quel événement les filles ont-elles prévu pour le lendemain ?
a) Visite au musée
b) Journée à la plage
c) Tour en montgolfière
d) Festival des nuits sonores

5. Quel adage Jules cite-t-il aux filles avant de les saluer ?
a) En mai, fais ce qu'il te plaît
b) Un tiens vaut mieux que deux tu l'auras
c) La nuit porte conseil
d) Mieux vaut tard que jamais

9. En mai, fais ce qu'il te plaît !

9. In May, do as you please!

C'est le week-end ! C'est une pause bien méritée après une longue semaine. Mais le vendredi, après dix-huit heures, Clara doit aller donner un cours à domicile chez un autre élève. Elle est un peu fatiguée, mais très motivée par ce nouveau travail. L'élève, qui s'appelle Antoine, lui donne un peu de mal : il est en difficultés scolaires et n'a pas du tout envie de prendre des cours supplémentaires ! Clara doit avoir de la patience et de la psychologie pour le faire travailler. Elle choisit des textes intéressants, adaptés à son niveau et à ses centres d'intérêt. Mais surtout, elle se montre souriante, sympathique et amusante. À la fin du cours, elle a l'impression que ça va fonctionner ; mais il va lui falloir de la patience, elle en est sûre. Elle le reverra deux fois par semaine, et son objectif est de faire augmenter ses notes et de lui faire aimer l'anglais.

It's the weekend! A well-deserved break after a long week. But on Friday, after 6 p.m., Clara has to give an in-home lesson to another student. She's a little tired, but very motivated by this new job. The student, Antoine, is giving her some trouble. He's having academic difficulties at school and has no desire to take extra lessons! Clara must have patience and psychology to make him work. She chooses interesting texts, adapted to his level and interests. But above all, she's smiling, friendly, and fun. At the end of the lesson, she has the impression that it's going to work, but she'll need patience, she's sure of it. She'll see him twice a week, and her aim is to increase his grades and make him love English.

Le vendredi soir, après son cours, elle rentre chez elle puis les filles vont toutes les deux dîner chez les parents de Céline. Ils ont préparé une blanquette de veau, plat cher au cœur de Mattéo et de Céline, un plat typiquement français, excellent et que la grand-mère de Céline préparait toujours. C'est un vrai régal. Pour le dessert, Mattéo a préparé une île flottante : il se met à la cuisine et il est plutôt bon cuisinier ! Comme sa

On Friday evening, after her lesson, she goes home and the girls have dinner at Céline's parents' house. They've prepared blanquette de veau, a dish dear to Mattéo and Céline's hearts. A typically French dish, excellent, and one that Céline's grandmother always made. It's a real treat. For dessert, Mattéo has prepared a floating island. He's starting to cook and he's pretty good. Since his sister and Clara are

sœur et Clara ne sont plus à la maison, il cherche à s'occuper et il commence à se lasser de son téléphone – pour le plus grand plaisir de ses parents.

Après le repas, et quand la table est rangée et la vaisselle faite, toute la famille s'installe dans le salon pour discuter et jouer au tarot, un jeu de cartes très apprécié des Français. C'est la première fois que Clara joue, mais elle apprend vite. Au début, elle pense que c'est un jeu pour lire l'avenir, mais elle comprend vite que c'est en réalité un jeu de cartes traditionnel et très drôle avec simplement des cartes supplémentaires ! Comme elle adore le jeu, Céline lui promet de lui enseigner d'autres jeux de cartes français : la belotte, la coinche...

Quand la famille a bien joué et que tout le monde est fatigué, les filles rentrent chez elles à pied avec Scruffles. Elles ne veulent pas se coucher tard, car le lendemain est une longue journée : tennis puis festival des nuits sonores ! Sur le chemin du retour, elles bavardent un peu. Clara voudrait savoir si Céline est toujours intéressée par Christophe.

« Oh, tu sais, pas tant que ça, lui dit Céline.

- Vraiment ? Tu en parles tout le temps, pourtant... Et, vous vous écrivez un peu ? demande Clara.

- Alors oui, on s'écrit tous les jours !

no longer at home, he is looking for something to do. He is starting to tire of his phone, much to his parents' delight.

After the meal, when the table is cleared and the dishes done, the whole family sits down in the living room to chat and play tarot, a popular French card game. This is Clara's first time playing, but she learns quickly. At first, she thinks it's a fortune-telling game, but she soon realizes that it's actually a traditional, and very funny card game, with a few extra cards. As she loves the game, Céline promises to teach her other French card games: belotte, coinche, etc.

When the family has played enough and everyone is tired, the girls walk home with Scruffles. They would rather not stay up late because the next day is a long one; tennis followed by the festival of sound nights. On the way home, they chat a bit. Clara wants to know if Céline is still interested in Christophe.

"Oh, you know, not so much, says Céline.

- Really? You talk about him all the time, though. And, do you write to each other a little? asks Clara.

- Yes, we write to each other every

Il est plein d'humour ce Christophe, répond Céline en souriant et en rougissant un peu.

- Je vois bien qu'il t'intéresse plus qu'un peu, rétorque Clara en riant. Ça se voit comme le nez au milieu de la figure ! Mais alors, tu es amoureuse ?

- Oh, amoureuse, c'est un grand mot ! Disons que je l'aime bien, on s'entend bien... Mais il est trop bien pour moi, je suis sûre qu'il ne s'intéresse pas à moi, dit Céline.

- Voyons, ma belle, un garçon qui t'écrit tous les jours... Il m'écrit, à moi, peut-être ? Réfléchis un peu, ne sois pas stupide, bien sûr que tu l'intéresses aussi ! » dit Clara, d'un air amusé.

Sur le Boulevard de la Croix-Rousse, un homme d'un certain âge – probablement entre soixante et soixante-dix ans – visiblement sans domicile, barbu, grand et mince, vêtu d'un long manteau marron sale, délavé et rapiécé, d'un pantalon de camouflage à la toile épaisse et de grosses chaussures de marche en cuir trouées, adresse aux filles un grand sourire et un « bonsoir. » Clara sursaute ; Céline ne sait pas quoi répondre. Mais toutes deux sourient à l'homme et répondent doucement :

« Bonsoir monsieur.

- Ah, j'aime bien quand on me

day. Christophe has a great sense of humor, replies Céline, smiling and blushing a little.

- I can see you're more than a little interested in him, retorts Clara, laughing. It's as plain as the nose on your face. But then, are you in love?

- Oh, love, that's a big word! Let's just say I like him, we get along well. But he's too good for me. I'm sure he's not interested in me, says Céline.

- Come on, darling, a boy who writes to you every day? Does he write to me, perhaps? Think about it, don't be silly, of course he's interested in you too," says Clara, with an amused air.

On the Boulevard de la Croix-Rousse, a man of unknown age, probably between sixty and seventy, visibly homeless, bearded, tall and thin, dressed in a long, dirty, faded and patched brown coat, thick canvas camouflage pants and big leather walking shoes with holes in them, gives the girls a big smile and a "good evening." Clara is startled; Céline doesn't know what to say. They both smile at the man and answer softly:

"Good evening, sir.

- Ah, I like it when people answer

répond ! Les gens sont impolis. Le plus souvent, ils passent sans dire bonsoir. Même pas un sourire ! se plaint l'homme. Je n'agresse personne ! Je suis là, c'est tout. Je marche, je mange, je dors et je lis.

- Mais, vous dormez dehors ? demande Céline.

- Absolument, à la belle étoile ! Enfin, quand il pleut, je trouve un refuge. Et pour les grands froids, j'ai des contacts. Je m'appelle Jules et je suis enchanté de faire votre connaissance, jeunes demoiselles.

- Enchantée également, répond Céline. Voici Clara, Scruffles et moi-même, Céline.

- Jolis prénoms. Allez, rentrez chez vous, il faut dormir, dit Jules, de sa voix rauque. Mais n'oubliez pas l'adage : en mai, fais ce qu'il te plaît ! J'espère que vous respectez les proverbes de nos ancêtres ! »

Les deux amies sont très étonnées, presque sans voix. Quel drôle de personnage ! Clara avait déjà vu cet homme dans le quartier, mais il ne lui avait jamais adressé la parole. Et voilà qu'il leur donne des leçons de vie ! Céline lui explique la signification du proverbe.

« Tu te souviens du proverbe du mois d'avril ? demande-t-elle.

me. People are rude. More often than not, they pass by without saying good evening. Not even a smile! complains the man. I'm not attacking anyone. I'm just here. I walk, eat, sleep and read.

- But you sleep outside? asks Céline.

- Absolutely, under the stars! Well, when it rains, I find a shelter. And when it's really cold, I have contacts. My name is Jules and I'm delighted to meet you, young ladies.

- Nice to meet you too, replies Céline. This is Clara, Scruffles and myself, Céline.

- Lovely names. Come on, go home and get some sleep, says Jules, in his husky voice. But don't forget the adage: in May, do as you please! I hope you respect the proverbs of our ancestors!"

The two friends are astonished, almost speechless. What a strange character! Clara had seen this man before in the neighborhood, but he had never spoken to her. Now he is giving them life lessons! Céline explains the meaning of the proverb.

"Do you remember the saying about April? she asks.

- En avril, ne te découvre pas d'un fil ? répond Clara.

- Voilà ! Eh bien, on dit qu'en mai, le climat est enfin bon, et qu'il faut en profiter ! Les deux dictons vont ensemble, c'est une paire. En avril, tu ne dois pas prendre froid, mais en mai, tu peux faire ce que tu veux, le climat est meilleur ! » explique Céline.

Clara sourit. Elle vient d'apprendre un dicton français, que tout le monde connaît. Elle commencerait presque à se sentir française ! Et puis, cette rencontre, ce vieux monsieur... Il avait l'air d'un vieux sage, et elle se dit qu'elle espère le recroiser bientôt dans le quartier.

- In April, don't lose sight of yourself? replied Clara.

- That's it! Well, they say that in May the weather is finally good, and you've got to make the most of it! The two sayings go together, they're a pair. In April, you don't want to catch a cold, but in May, you can do whatever you want, the weather's better!" explains Céline.

Clara smiles. She's just learned a French saying that everyone knows. She's almost starting to feel French! And then, this meeting, this old man. He seemed like a wise old man, and she tells herself she hopes to bump into him again soon in the neighborhood.

Questions (Chapitre 9)

1. Quel jour de la semaine Clara donne-t-elle des cours à Antoine ?
a) Lundi
b) Mardi
c) Jeudi
d) Vendredi

2. Quel plat est préparé par les parents de Céline pour le dîner ?
a) Risotto aux champignons
b) Blanquette de veau
c) Coq au vin
d) Boeuf bourguignon

3. Quel jeu de cartes la famille joue-t-elle après le dîner ?
a) Poker
b) Tarot
c) Uno
d) Blackjack

4. Quel événement les filles ont-elles prévu pour le lendemain ?
a) Visite au musée
b) Journée à la plage
c) Tour en montgolfière
d) Festival des nuits sonores

5. Quel adage Jules cite-t-il aux filles avant de les saluer ?
a) En mai, fais ce qu'il te plaît
b) Un tiens vaut mieux que deux tu l'auras
c) La nuit porte conseil
d) Mieux vaut tard que jamais

Questions (Chapter 9)

1. On which day of the week does Clara give lessons to Antoine?
a) Monday
b) Tuesday
c) Thursday
d) Friday

2. What dish is prepared by Céline's parents for dinner?
a) Mushroom risotto
b) Veal blanquette
c) Chicken in wine
d) Beef Bourguignon

3. Which card game does the family play after dinner?
a) Poker
b) Tarot
c) Uno
d) Blackjack

4. What event do the girls have planned for the next day?
a) Museum visit
b) Day at the beach
c) Hot air balloon ride
d) Festival of night sounds

5. Which proverb does Jules quote to the girls before bidding them farewell?
a) In May, do as you please
b) A bird in the hand is worth two in the bush
c) The night brings counsel
d) Better late than never

10. Le festival des nuits sonores

C'est le dernier week-end du mois de mai. Les filles n'ont pas fait tout ce qu'elles voulaient, comme le suggère le dicton, mais elles ont fait beaucoup de choses : travail, études, déménagement, rencontres... De nombreuses avancées dans leurs vies de **jeunes adultes**. C'est le moment de suivre les conseils de Jules, le vieil homme rencontré la veille. Ce week-end, on fait la fête et on ne travaille pas !

Clara et Céline se rendent à leur cours de tennis **hebdomadaire**. Christophe, fidèle à lui-même, est charmant, drôle, beau et **encourageant**. « L'homme parfait, » se dit Céline, pour elle-même. Le cours se passe très bien, et à la fin du cours, Clara raconte la soirée tarot de la veille avec la famille de Céline. Christophe adore le tarot, lui aussi. Mais ce qu'il préfère, c'est le jeu d'**échecs** :

« J'y joue depuis des années, je ne peux pas m'en passer. C'est **presque** une obsession, dit-il en riant.

- Je n'ai pas joué depuis une **éternité** ! dit alors Céline. Je suis sûre que je serais très mauvaise...

— On apprend **constamment** quand on joue aux échecs. Il n'y a pas de mauvais joueur, il n'y a que des **apprenants**. Tu veux faire une partie cet après-midi ? propose Christophe.

— Avec plaisir, on peut faire ça avant le festival ? suggère Céline.

— Ah, mais c'est vrai ! J'avais oublié le festival. **Allez**, on se retrouve au bar « Auprès de mon arbre, » sur la montée de la Grande Côte, après le déjeuner ? »

> **Jeune adulte** (m) (nom commun) : young adult
> **Hebdomadaire** (adjectif) : weekly
> **Encourageant** (adjectif) : encouraging
> **Échecs** (m, pl) (nom commun) : chess
> **Presque** (adverbe) : almost, nearly
> **Éternité** (f) (nom commun) : eternity
> **Constamment** (adverbe) : constantly, endlessly
> **Apprenant** (m) (nom commun) : learner
> **Allez** (interjection) : come on

Le rendez-vous est fixé. Comme Clara n'est pas invitée – une **partie** d'échecs, ça ne peut être qu'**à deux** – elle appelle Constance et Valentine pour organiser un déjeuner toutes les trois. Elles se proposent de préparer une salade pour faire un pique-nique. Valentine **apporte** des fruits, et Constance apporte du saucisson et du pain. Elles décident d'aller directement au Parc des Chartreux, où va commencer le concert des siestes sonores un peu **plus tard**. Scruffles les accompagne, tout heureux, et un point de rendez-vous est décidé pour que tous les amis qui ont prévu d'assister aux siestes sonores se retrouvent au même endroit, dans le milieu de la journée.

Au café, Céline prend une **raclée** aux échecs. Elle n'avait pas oublié comment on **bouge** les pièces, mais c'est **à peu près** tout ce dont elle se souvenait ! **En un rien de temps**, elle est **échec et mat**. Christophe lui apprend à placer ses pièces, à les protéger et à monter une stratégie, mais c'est très difficile. Ils font trois parties, et les trois parties sont gagnées par Christophe. Pourtant, Céline réfléchit beaucoup et prend son temps ! Mais c'est difficile, et elle réalise que c'est très intéressant, car il y a une infinité de possibilités à chaque tour. Malgré ses défaites, elle passe un excellent moment, en compagnie du beau prof de tennis qui **s'est mué** en prof de jeu d'échecs en un rien de temps. Mais elle se promet de jouer avec lui au tarot, plus tard : là, c'est sûr, elle a des

chances de **gagner**.

Partie (f) (nom commun) : game, match
À deux (locution adverbiale) : in pairs
Apporter (verbe) : to bring, to provide
Plus tard (locution adverbiale) : later on
Raclée (f) (nom commun) : beating
Bouger (verbe) : to move
À peu près (locution adverbiale) : about, more or less
En un rien de temps (locution adverbiale) : in no time at all
Échec et mat (expression) : checkmate
Se muer (verbe pronominal) : to turn into
Gagner (verbe) : to win

Quand ils ont bien joué et que le **cerveau** de Céline est **en ébullition**, ils décident de rejoindre le groupe au Parc des Chartreux. Constance, Valentine, Clara, Julien et Max sont déjà **là**. Ils ont réservé quelques transats pour assister au concert, installé un grand **drap** sur l'herbe et il y a même deux hamacs disponibles pour eux. Clara demande où est Anouk : elle est toujours avec Max, **d'habitude**... Max répond **mollement**, et Céline comprend qu'il préfère ne pas en parler. Elle ne veut pas le déranger, mais elle se doute que leur relation est un peu compliquée en ce moment.

Le concert commence, et c'est le concert le plus tranquille **auquel** Clara n'ait jamais assisté ! La musique électronique est calme, **posée**, presque douce. Elle ferme les yeux et se laisse aller en écoutant, Scruffles **allongé** contre elle. Le soleil du mois de mai est doux et réconfortant. Elle repense à l'inconnu rencontré la veille, le vieux Jules : « En avril, ne te découvre pas d'un fil, mais en mai, fais ce qu'il te plaît ! » Les Français, se dit-elle, ont un véritable **savoir-vivre**.

Cerveau (m) (nom commun) : brain
En ébullition (locution adjectivale) : boiling, in overdrive
Là (adverbe) : there
Drap (m) (nom commun) : sheet
D'habitude (adverbe) : usually, normally
Mollement (adverbe) : half-heartedly, weakly
Auquel (pronom relatif) : to which
Posé (adjectif) : calm, serene (in this context)
Allongé (adjectif) : lying down

Savoir-vivre (m) (nom invariable) : to know how to live

Le soir, ils se rendent tous ensemble au concert à la Sucrière, qui se trouve **au bout de** la Presqu'Île de Lyon, près de la Saône. Constance et Max passent un long moment dehors à discuter : Constance n'est pas très fan de la musique qui est jouée et Max n'est pas d'humeur à assister à un concert avec beaucoup de **bruit**. Mais tous les autres adorent la musique ! Quand c'est terminé, ils retrouvent Max et Constance assis **au bord de** la Saône, absorbés dans une conversation. Tout le monde est un peu fatigué, alors on décide de rentrer à pied tranquillement.

Arrivés sur la place des Terreaux, les amis se séparent : Max **repart** chez lui, non sans **serrer** Constance dans ses bras, pour **clore** leur longue conversation. Julien accompagne Clara chez elle, Valentine repart de son côté, et Céline et Christophe se disent au revoir. Au moment de **se faire la bise**, Christophe **effleure** timidement la main de Céline. Celle-ci rougit, s'excuse un peu **naïvement**, tourne le regard. Christophe est trop timide, lui aussi... Il lui adresse l'un de ses plus beaux sourires, et enfin, chacun rentre chez lui. Clara et Julien **taquinent** Céline sur la route. Mais elle ne répond pas et elle sourit pour elle-même. Elle se sent très heureuse.

Le lendemain, Clara est prête pour aller faire vacciner Scruffles ! Voilà un mois de mai très rempli, et quand elle rentre avec son chien de chez le vétérinaire, Céline l'attend avec un thé et une pile de livres. « Allez, » dit-elle « on profite encore du week-end avant de **se remettre au** travail ! » En effet, le mois prochain ne sera pas moins chargé : partiels, travail, et l'été qui approche...

Au bout de (locution prépositionnel) : at the end of
Bruit (m) (nom commun) : noise, sound
Au bord de (locution adverbiale) : by, by the edge of
Repartir (verbe) : to leave, to go
Serrer (verbe) : to squeeze, to give a hug
Clore (verbe) : to end, to close
Se faire la bise (locution verbale) : to give each other a kiss
Effleurer (verbe) : to touch, to brush
Naïvement (adverbe) : naively, innocently
Taquiner (verbe) : to tease, to annoy
Se remettre à (verbe pronominal) : to get back to (doing) [sth]

Questions (Chapitre 10)

1. Que conseille Jules aux filles pour le dernier week-end du mois de mai ?
a) Aller au cinéma
b) Travailler dur
c) Faire la fête et ne pas travailler
d) Passer du temps à la bibliothèque

2. Quelle activité Christophe propose-t-il à Céline après le cours de tennis ?
a) Jouer aux échecs
b) Faire du shopping
c) Regarder un film
d) Faire de la randonnée

3. Comment se termine la partie d'échecs entre Céline et Christophe ?
a) Céline gagne
b) Ils font match nul
c) Christophe abandonne
d) Christophe gagne

4. Où se retrouvent les amis pour écouter le concert des siestes sonores ?
a) Au café « Auprès de mon arbre »
b) Au parc des Chartreux
c) À la Sucrière
d) Sur la place des Terreaux

5. Quelle activité Clara prévoit-elle pour le lendemain ?
a) Aller au cinéma
b) Faire une randonnée
c) Faire vacciner Scruffles
d) Aller à une fête

10. Le festival des nuits sonores

C'est le dernier week-end du mois de mai. Les filles n'ont pas fait tout ce qu'elles voulaient, comme le suggère le dicton, mais elles ont fait beaucoup de choses : travail, études, déménagement, rencontres... De nombreuses avancées dans leurs vies de jeunes adultes. C'est le moment de suivre les conseils de Jules, le vieil homme rencontré la veille. Ce week-end, on fait la fête et on ne travaille pas !

Clara et Céline se rendent à leur cours de tennis hebdomadaire. Christophe, fidèle à lui-même, est charmant, drôle, beau et encourageant. « L'homme parfait, » se dit Céline, pour elle-même. Le cours se passe très bien, et à la fin du cours, Clara raconte la soirée tarot de la veille avec la famille de Céline. Christophe adore le tarot, lui aussi. Mais ce qu'il préfère, c'est le jeu d'échecs :

« J'y joue depuis des années, je ne peux pas m'en passer. C'est presque une obsession, dit-il en riant.

- Je n'ai pas joué depuis une éternité ! dit alors Céline. Je suis sûre que je serais très mauvaise...

- On apprend constamment quand on joue aux échecs. Il n'y a pas de mauvais joueur, il n'y a que des apprenants. Tu veux faire une partie

10. The Sound Nights Festival

It's the last weekend of May. The girls haven't done everything they wanted to, as the saying goes, but they've done a lot: work, studies, moving house, dating... A lot of progress in their young adult lives. It's time to follow the advice of Jules, the old man we met the day before. This weekend, we're partying and not working!

Clara and Céline go to their weekly tennis lesson. Christophe, true to form, is charming, funny, handsome and encouraging. "The perfect man," Céline says to herself. The class goes very well, and at the end Clara recounts the previous evening's tarot with Céline's family. Christophe loves tarot too. But his favorite is chess:

"I've been playing it for years, I can't get enough of it. It's almost an obsession, he laughs.

- I haven't played for ages! says Céline. I'm sure I'd be terrible at it...

- You're always learning when you play chess. There are no bad players, only learners. Would you like to play a game this afternoon? suggests

cet après-midi ? propose Christophe.

- Avec plaisir, on peut faire ça avant le festival ? suggère Céline.

- Ah, mais c'est vrai ! J'avais oublié le festival. Allez, on se retrouve au bar « Auprès de mon arbre, » sur la montée de la Grande Côte, après le déjeuner ? »

Le rendez-vous est fixé. Comme Clara n'est pas invitée – une partie d'échecs, ça ne peut être qu'à deux – elle appelle Constance et Valentine pour organiser un déjeuner toutes les trois. Elles se proposent de préparer une salade pour faire un pique-nique. Valentine apporte des fruits, et Constance apporte du saucisson et du pain. Elles décident d'aller directement au Parc des Chartreux, où va commencer le concert des siestes sonores un peu plus tard. Scruffles les accompagne, tout heureux, et un point de rendez-vous est décidé pour que tous les amis qui ont prévu d'assister aux siestes sonores se retrouvent au même endroit, dans le milieu de la journée.

Au café, Céline prend une raclée aux échecs. Elle n'avait pas oublié comment on bouge les pièces, mais c'est à peu près tout ce dont elle se souvenait ! En un rien de temps, elle est échec et mat. Christophe lui apprend à placer ses pièces, à les protéger et à monter une stratégie, mais c'est très difficile. Ils font trois

Christophe.

- We'd love to, can we do it before the festival? suggests Céline.

- Ah, but it's true! I'd forgotten about the festival. Come on, let's meet at the "Auprès de mon arbre," bar, on the Grande Côte rise, after lunch?"

The appointment is made. As Clara isn't invited - a game of chess can only be played by two people - she calls Constance and Valentine to organize lunch for the three of them. She offers to prepare a salad for a picnic. Valentine brings fruit, and Constance brings sausage and bread. They decide to go straight to Parc des Chartreux, where the siestes sonores concert will start a little later. Scruffles happily accompanies them, and a rendezvous point is set so that all friends planning to attend the siestes sonores can meet up in the middle of the day.

At the café, Céline takes a beating at chess. She hadn't forgotten how to move the pieces, but that's about all she could remember! In no time at all, she's in checkmate. Christophe teaches her how to place her pieces, protect them and devise a strategy, but it's very difficult. They play three games, and all three games

parties, et les trois parties sont gagnées par Christophe. Pourtant, Céline réfléchit beaucoup et prend son temps ! Mais c'est difficile, et elle réalise que c'est très intéressant, car il y a une infinité de possibilités à chaque tour. Malgré ses défaites, elle passe un excellent moment, en compagnie du beau prof de tennis qui s'est mué en prof de jeu d'échecs en un rien de temps. Mais elle se promet de jouer avec lui au tarot, plus tard : là, c'est sûr, elle a des chances de gagner.

Quand ils ont bien joué et que le cerveau de Céline est en ébullition, ils décident de rejoindre le groupe au Parc des Chartreux. Constance, Valentine, Clara, Julien et Max sont déjà là. Ils ont réservé quelques transats pour assister au concert, installé un grand drap sur l'herbe et il y a même deux hamacs disponibles pour eux. Clara demande où est Anouk : elle est toujours avec Max, d'habitude… Max répond mollement, et Céline comprend qu'il préfère ne pas en parler. Elle ne veut pas le déranger, mais elle se doute que leur relation est un peu compliquée en ce moment.

Le concert commence, et c'est le concert le plus tranquille auquel Clara n'ait jamais assisté ! La musique électronique est calme, posée, presque douce. Elle ferme les yeux et se laisse aller en écoutant, Scruffles allongé contre elle. Le soleil du mois de mai est doux et réconfortant. Elle

are won by Christophe. But Céline thinks hard and takes her time! But it's difficult, and she realizes that it's very interesting, because there are infinite possibilities at each turn. Despite her defeats, she has a great time, in the company of the handsome tennis teacher who has turned into a chess teacher in no time. But she promises herself that she'll play tarot with him later on: that's a sure-fire way to win.

When they've had a good game and Céline's brain is boiling, they decide to join the group at Parc des Chartreux. Constance, Valentine, Clara, Julien and Max are already there. They've reserved a few deckchairs to watch the concert, set up a large sheet on the grass and there are even two hammocks available for them. Clara asks where Anouk is: she's usually with Max… Max replies limply, and Céline understands that he'd rather not talk about it. She doesn't want to disturb him, but she suspects that their relationship is a little complicated at the moment.

The concert begins, and it's the quietest Clara has ever attended! The electronic music is calm, composed, almost gentle. She closes her eyes and lets herself drift off listening, Scruffles lying against her. The May sun is soft and comforting. She thinks back to the stranger she had met the

repense à l'inconnu rencontré la veille, le vieux Jules : « En avril, ne te découvre pas d'un fil, mais en mai, fais ce qu'il te plaît ! » Les Français, se dit-elle, ont un véritable savoir-vivre.

Le soir, ils se rendent tous ensemble au concert à la Sucrière, qui se trouve au bout de la Presqu'Île de Lyon, près de la Saône. Constance et Max passent un long moment dehors à discuter : Constance n'est pas très fan de la musique qui est jouée et Max n'est pas d'humeur à assister à un concert avec beaucoup de bruit. Mais tous les autres adorent la musique ! Quand c'est terminé, ils retrouvent Max et Constance assis au bord de la Saône, absorbés dans une conversation. Tout le monde est un peu fatigué, alors on décide de rentrer à pied tranquillement.

Arrivés sur la place des Terreaux, les amis se séparent : Max repart chez lui, non sans serrer Constance dans ses bras, pour clore leur longue conversation. Julien accompagne Clara chez elle, Valentine repart de son côté, et Céline et Christophe se disent au revoir. Au moment de se faire la bise, Christophe effleure timidement la main de Céline. Celle-ci rougit, s'excuse un peu naïvement, tourne le regard. Christophe est trop timide, lui aussi... Il lui adresse l'un de ses plus beaux sourires, et enfin, chacun rentre chez lui. Clara et Julien taquinent Céline sur la route. Mais elle ne répond pas et elle sourit pour

day before, old Jules: "In April, don't lose your head, but in May, do as you please!" The French, she says to herself, have a real savoir-vivre.

In the evening, they all go together to the concert at La Sucrière, at the end of Lyon's Presqu'Île, near the Saône. Constance and Max spend a long time outside talking: Constance isn't a big fan of the music being played, and Max isn't in the mood for a noisy concert. But everyone else loves the music! When it's over, they find Max and Constance sitting on the banks of the Saône, absorbed in conversation. Everyone's a little tired, so we decide to take a leisurely walk home.

Arriving at the Place des Terreaux, the friends part: Max heads home, but not without giving Constance a hug to end their long conversation. Julien accompanies Clara home, Valentine goes her own way, and Céline and Christophe say goodbye. As they kiss, Christophe shyly touches Céline's hand. She blushes, naively apologizes and looks away. Christophe is too shy, too... He gives her one of his most beautiful smiles, and at last, everyone goes home. Clara and Julien tease Céline on the road. But she doesn't respond and smiles to herself. She feels very happy.

elle-même. Elle se sent très heureuse.

Le lendemain, Clara est prête pour aller faire vacciner Scruffles ! Voilà un mois de mai très rempli, et quand elle rentre avec son chien de chez le vétérinaire, Céline l'attend avec un thé et une pile de livres. « Allez, » dit-elle « on profite encore du week-end avant de se remettre au travail ! » En effet, le mois prochain ne sera pas moins chargé : partiels, travail, et l'été qui approche...

The next day, Clara is ready to go and have Scruffles vaccinated! It's been a busy May, and when she and her dog return from the vet's, Céline is waiting for her with tea and a stack of books. "Come on," she says, "let's enjoy the weekend before getting back to work!" Indeed, next month will be no less busy: exams, work, and the approaching summer...

Questions (Chapitre 10)

1. Que conseille Jules aux filles pour le dernier week-end du mois de mai ?
a) Aller au cinéma
b) Travailler dur
c) Faire la fête et ne pas travailler
d) Passer du temps à la bibliothèque

2. Quelle activité Christophe propose-t-il à Céline après le cours de tennis ?
a) Jouer aux échecs
b) Faire du shopping
c) Regarder un film
d) Faire de la randonnée

3. Comment se termine la partie d'échecs entre Céline et Christophe ?
a) Céline gagne
b) Ils font match nul
c) Christophe abandonne
d) Christophe gagne

4. Où se retrouvent les amis pour écouter le concert des siestes sonores ?
a) Au café « Auprès de mon arbre »
b) Au parc des Chartreux
c) À la Sucrière
d) Sur la place des Terreaux

5. Quelle activité Clara prévoit-elle pour le lendemain ?
a) Aller au cinéma
b) Faire une randonnée
c) Faire vacciner Scruffles
d) Aller à une fête

Questions (Chapter 10)

1. What does Jules advise the girls to do for the last weekend of May?
a) Go to the movies
b) Work hard
c) Party and not work
d) Spend time at the library

2. What activity does Christophe suggest to Céline after tennis class?
a) Play chess
b) Go shopping
c) Watch a movie
d) Go hiking

3. How does the chess game between Céline and Christophe end?
a) Céline wins
b) They draw
c) Christophe resigns
d) Christophe wins

4. Where do the friends gather to listen to the siestes sonores concert?
a) At the café "Auprès de mon arbre"
b) At Parc des Chartreux
c) At La Sucrière
d) At Place des Terreaux

5. What activity does Clara plan for the next day?
a) Go to the movies
b) Go hiking
c) Have Scruffles vaccinated
d) Attend a party

Bonus 1
Recette du Gratin Dauphinois

Ingrédients

- 1 kg (environ 4 à 5 grosses) pommes de terre, pelées et coupées en fines tranches
- 2 gousses d'ail, pelées et coupées en deux
- 2 tasses (475 ml) de lait entier
- 1 tasse (235 ml) de crème épaisse
- Sel et poivre selon le goût
- Muscade râpée (facultatif)
- Beurre pour graisser le plat de cuisson

Élaboration

1. Préchauffer le four à 350°F (180°C). Frotter le plat de cuisson avec les gousses d'ail et beurrer généreusement.
2. Disposer une couche de fines tranches de pommes de terre uniformément dans le plat de cuisson.
3. Saupoudrer de sel, poivre et une pincée de muscade râpée, si désiré. Répéter les couches jusqu'à ce que les pommes de terre soient finies.
4. Dans une casserole, chauffer le lait et la crème jusqu'à ce qu'ils soient tièdes. Verser le mélange sur les pommes de terre.
5. Cuire au four préchauffé pendant environ 1 heure ou jusqu'à ce que les pommes de terre soient tendres et que le dessus soit doré.
6. Laisser le gratin dauphinois refroidir légèrement avant de servir. Les couches se figeront en refroidissant.

Note : Pour une saveur plus riche, vous pouvez ajouter du Gruyère ou de l'Emmental entre les couches de pommes de terre. Dégustez ce plat classique français comme délicieux accompagnement à votre plat principal !

Bonus 1
Recipe for Gratin Dauphinois

Ingredients

- 1 kg (about 4-5 large) potatoes, peeled and thinly sliced
- 2 garlic cloves, peeled and halved
- 2 cups (475 ml) whole milk
- 1 cup (235 ml) heavy cream
- Salt and pepper to taste
- Nutmeg, grated (optional)
- Butter for greasing the baking dish

Preparation

1. Preheat the oven to 350°F (180°C). Rub the baking dish with halved garlic cloves and butter generously.
2. Arrange a layer of thinly sliced potatoes evenly in the baking dish.
3. Sprinkle with salt, pepper, and a pinch of grated nutmeg if desired. Repeat layers until all potatoes are used.
4. In a saucepan, heat the milk and cream until warm. Pour the mixture over the potatoes.
5. Bake in the preheated oven for approximately 1 hour or until the potatoes are tender and the top is golden brown.
6. Allow the Gratin Dauphinois to cool slightly before serving. The layers will set as it cools.

Note: For a richer flavor, you can add Gruyère or Emmental cheese between the potato layers. Enjoy this classic French dish as a delightful side to your main course!

Bonus 2
Clara's Book 6 in the series
Chapter 1: C'est une fille !

Avec toutes ces activités, avec la fac, avec les copains, le déménagement, le chien... Les filles avaient presque oublié : Isabelle, la **belle-sœur** de Céline, la copine de son frère Marc, **attend un bébé** ! Et au premier juin, Céline reçoit un texto de sa mère alors qu'elle est à la fac :

« Isabelle est à la maternité. Je te **tiens au courant**. Tout se passe bien, je file là-bas. »

Céline **tombe de haut** : le bébé n'était-il pas prévu pour juillet ? Elle recompte dans sa tête, oubliant le cours magistral auquel elle devrait faire attention. Eh non, c'est bien ça, début juin ! Quelle nouvelle ! On va enfin savoir, garçon ou fille ? Céline est prise d'une grande émotion, **soudainement**. Elle va être **tante** ! Son frère va devenir papa ! Ses parents vont être des grands-parents... Elle écrit un texto à Clara. Le professeur la voit avec son téléphone et la reprend immédiatement :

« Dites-moi mademoiselle, on écoute le cours ou on envoie des textos à ses **potes** ? lance-t-il, moitié **moqueur**, moitié **énervé**.

- Ah, non monsieur ! C'est un bébé qui arrive dans la famille au moment où vous me parlez ! s'exclame Céline, l'air un peu **sonné**. »

Belle-sœur (f) (nom commun) : sister-in-law
Attendre un bébé (locution verbale) : to expect a baby, to be pregnant
Tenir au courant (locution verbale) : to keep [sb] up to date
Tomber de haut (locution verbale) : to never see it coming
Soudainement (adverbe) : suddenly
Tante (f) (nom commun) : aunt
Pote (f, m) (nom commun) : friend
Moqueur (adjectif) : mocking, teasing
Énervé (adjectif) : irritated, annoyed
Sonné (adjectif) : stunned

Toute la salle se met à rire et à **applaudir**. Le professeur rit aussi, et reconnaît que c'est une bonne raison de regarder son téléphone, pour une fois. Les applaudissements font rougir Céline : ce n'est pas elle qui est en train d'**accoucher, tout de même**... Le professeur reprend son discours et Céline essaye de suivre, son téléphone posé devant elle. Elle arrive à se concentrer à nouveau, et elle prend des notes tout en pensant à Isabelle et Marc, probablement tous les deux à la fois heureux, inquiets, impatients. C'est l'un des plus beaux jours de leur vie, Céline se sent bouleversée pour eux.

Après quelques minutes à peine, le téléphone de Céline vibre **ostensiblement** sur sa table. Les yeux se tournent tous vers elle, et le professeur l'interroge du regard :

« Tout va bien, Céline ? demande-t-il, souriant.

- Attendez... C'est une fille ! dit Céline, des **sanglots** dans la voix. C'est une petite fille ! »

La salle de cours retentit à nouveau d'applaudissements qui font rire Céline et le professeur. Elle n'a rien fait ! Mais elle est tellement heureuse. Quand les élèves se calment, le cours se termine **comme d'habitude**, et Céline envoie seulement un texto à Clara pour lui annoncer la nouvelle. Puis elle demande à sa mère : « Je fais quoi, je peux venir ? Comment va Isabelle, comment s'appelle la petite, la **maternité** est ouverte aux visiteurs jusqu'à quelle heure, je peux apporter des fleurs ? » Cela fait beaucoup de questions et Florence rappelle sa fille. C'est mieux si elle vient demain matin, Isabelle est très

fatiguée, la petite fille est très jolie, elle s'appelle Marie ; oui, elle peut apporter des fleurs, mais pas un très gros bouquet, et elle peut aussi apporter des **langes**, des **doudous**, des petites choses pour la petite. Florence a l'air très, très émue. Patrick vient de la rejoindre, et tous les deux font connaissance avec leur nouvelle petite fille.

Céline est sonnée. Clara **déboule** dès que ses cours sont terminés, elles se retrouvent dans un café près de la rue Duviard.

« Félicitations, **tata** ! lui dit Clara en souriant. Quelle journée !

- Tu m'étonnes ! J'avais presque oublié qu'Isabelle était enceinte, ça m'a fait un tel choc ! Je devais avoir l'air perdue, le prof m'a interpellée pendant le cours : toute la fac est au courant ! raconte Céline.

- Ha, génial ! s'exclame Clara. Bon, mais alors, tu y vas quand, à la maternité ?

- J'y vais demain matin, je saute les cours. C'est exceptionnel, tu comprends. Tu veux venir avec moi ? lui propose-t-elle.

- Eh bien, j'adorerais, si je ne suis pas **de trop** ? répond Clara.

- Évidemment non, tu es bête ! Tu fais partie de la famille maintenant, dit Céline.

- Bon, super. On va chercher des petits cadeaux alors ? demande Clara. »

Applaudir (verbe) : to clap, to applaud
Accoucher (verbe) : to give birth
Tout de même (locution adverbiale) : anyway
Ostensiblement (adverbe) : ostensibly, conspicuously
Sanglot (m) (nom commun) : sobbing, sob, crying
Comme d'habitude (expression) : as usual
Maternité (f) (nom commun) : maternity ward
Langes (m, pl) (nom commun) : diaper
Doudou (m) (nom commun) : baby comforter
Débouler (verbe) : to hurtle, to rush
Tata (f) (nom commun) : auntie
De trop (locution adverbiale) : too much, too many

Les deux amies partent en **quête** de cadeaux pour la petite fille dans les magasins de la Croix-Rousse. Clara trouve une petite **peluche** toute douce en forme d'écureuil avec une longue **queue**. Céline est tellement bouleversée qu'elle veut acheter tout ce qu'elle voit. Clara la tempère : un pyjama ? Un jouet ? Un mobile ? Elle lui rappelle qu'un cadeau suffit, et qu'elle a toute la vie devant elle pour **gâter** la petite Marie. Céline opte pour un joli mobile avec des poissons de toutes les couleurs. Mais elle craque aussi pour des langes tout doux et un joli collier pour Isabelle.

Le lendemain matin, Céline est réveillée à six heures. Elle ne peut pas dormir, elle a seulement hâte de rencontrer sa nièce. Elle prépare le café, range du linge, fait le reste de la vaisselle dans l'**évier**, prend une douche, sort Scruffles. Elle tourne en rond. Clara émerge de sa chambre à huit heures, en **baillant**.

« Bah alors, tu as l'air bien réveillée ! lui dit-elle en se servant un grand bol de café.

- Impossible de dormir. Je suis comme une **puce** ! explique Céline. »

Ce n'est qu'à neuf heures trente qu'elles commencent à partir en direction de la maternité. Sur le chemin, elles s'arrêtent pour acheter des croissants et des fleurs blanches. Quand elles arrivent sur place, elles cherchent la chambre d'Isabelle. C'est Marc qui leur ouvre la porte, souriant, les petits yeux de l'homme heureux qui n'a pas dormi de la nuit, visiblement très ému de présenter sa fille à sa **petite sœur**.

« Voici Marie, lui dit-il tout doucement. Elle est toute petite !

- C'est la plus belle, ajoute Isabelle, l'air épuisé et ravi.

- Oh ! Comme elle est jolie ! **s'exclament** les deux amies, en cœur.

- Assieds-toi, Céline. On a une question à te poser, dit Marc. »

Céline s'assoit et elle regarde la petite fille. Et Isabelle lui demande, dans un grand sourire : « Tu veux bien être la **marraine** ? » Céline **fond en larmes** de bonheur : évidemment qu'elle veut bien être la marraine de ce petit ange !

Quête (f) (nom commun) : search
Peluche (f) (nom commun) : stuffed toy

Queue (f) (nom commun) : tail
Gâter (verbe) : to spoil
Évier (m) (nom commun) : sink, kitchen sink
Bâiller (verbe) : to yawn
Puce (f) (nom commun) : flea
Petite sœur (f) (nom commun) : little sister, younger sister
S'exclamer (verbe pronominal) : to exclaim
Marraine (f) (nom commun) : godmother
Fondre en larmes (locution verbale) : to burst into tears

Questions (Bonus 2)

1. Quand Isabelle accouche-t-elle finalement ?
a) En juillet
b) Début juin
c) À la fin du mois de mai
d) Ce n'est pas mentionné

2. Comment réagit la classe lorsque Céline annonce la naissance du bébé ?
a) Ils se moquent d'elle
b) Ils restent silencieux
c) Ils applaudissent et rient
d) Ils quittent la salle de cours

3. Quel prénom est donné à la fille d'Isabelle ?
a) Margot
b) Louise
c) Marie
d) Juliette

4. Que propose Céline à Clara après avoir appris la nouvelle ?
a) D'acheter un cadeau pour le bébé
b) De l'accompagner à la maternité
c) De l'aider à préparer une fête pour la naissance
d) De lui faire un brunch pour célébrer

5. Quel titre familial est proposé à Céline par Isabelle et Marc ?
a) Marraine
b) Maman
c) Grande sœur
d) Tante

(Bonus 2)

1. C'est une fille !

Avec toutes ces activités, avec la fac, avec les copains, le déménagement, le chien... Les filles avaient presque oublié : Isabelle, la belle-sœur de Céline, la copine de son frère Marc, attend un bébé ! Et au premier juin, Céline reçoit un texto de sa mère alors qu'elle est à la fac :

« Isabelle est à la maternité. Te tiens au courant. Tout se passe bien, je file là-bas. »

Céline tombe de haut : le bébé n'était-il pas prévu pour juillet ? Elle recompte dans sa tête, oubliant le cours magistral auquel elle devrait faire attention. Eh non, c'est bien ça, début juin ! Quelle nouvelle ! On va enfin savoir, garçon ou fille ? Céline est prise d'une grande émotion, soudainement. Elle va être tante ! Son frère va devenir papa ! Ses parents vont être des grands-parents... Elle écrit un texto à Clara. Le professeur la voit avec son téléphone et la reprend immédiatement :

« Dites-moi mademoiselle, on écoute le cours ou on envoie des textos à ses potes ? lance-t-il, moitié moqueur, moitié énervé.

- Ah, non monsieur ! C'est un bébé qui arrive dans la famille au moment

(Bonus 2)

1. It's a girl!

With all these activities, college, friends, the move, the dog... The girls had almost forgotten: Isabelle, Céline's sister-in-law and her brother Marc's girlfriend, is expecting a baby! And on June 1st, Céline receives a text message from her mother while she's at college:

"Isabelle is at the maternity ward. Keep you posted. Everything's going well, I'm off."

Céline falls head over heels: wasn't the baby due in July? She count down in her head, forgetting the lecture she should be paying attention to. No, that's right, early June! What news! Are we finally going to know, boy or girl? Céline is suddenly overcome with emotion. She's going to be an aunt! Her brother's going to be a dad! Her parents are going to be grandparents... She writes a text message to Clara. The teacher sees her with her phone and immediately picks it up:

"Tell me, Miss, do you listen to the lesson or do you text your mates? he says, half mocking, half annoyed.

- Oh, no, sir! It's a baby arriving in the family as we speak!" exclaims

où vous me parlez ! » s'exclame Céline, l'air un peu sonné.

Toute la salle se met à rire et à applaudir. Le professeur rit aussi, et reconnaît que c'est une bonne raison de regarder son téléphone, pour une fois. Les applaudissements font rougir Céline : ce n'est pas elle qui est en train d'accoucher, tout de même... Le professeur reprend son discours et Céline essaye de suivre, son téléphone posé devant elle. Elle arrive à se concentrer à nouveau, et elle prend des notes tout en pensant à Isabelle et Marc, probablement tous les deux à la fois heureux, inquiets, impatients. C'est l'un des plus beaux jours de leur vie, Céline se sent bouleversée pour eux.

Après quelques minutes à peine, le téléphone de Céline vibre ostensiblement sur sa table. Les yeux se tournent tous vers elle, et le professeur l'interroge du regard :

« Tout va bien, Céline ? demande-t-il, souriant.

- Attendez... C'est une fille ! dit Céline, des sanglots dans la voix. C'est une petite fille ! »

La salle de cours retentit à nouveau d'applaudissements qui font rire Céline et le professeur. Elle n'a rien fait ! Mais elle est tellement heureuse. Quand les élèves se calment, le cours se termine comme d'habitude, et

Céline, looking a little stunned.

The whole room bursts into laughter and applause. The teacher laughs too, and admits that it's a good reason to look at her phone for once. The applause makes Céline blush: she's not the one in labor, after all... The professor resumes his speech and Céline tries to follow, her phone poised in front of her. She manages to concentrate again, and takes notes while thinking about Isabelle and Marc, probably both happy, worried and impatient at the same time. This is one of the happiest days of their lives, and Céline feels overwhelmed for them.

After just a few minutes, Céline's phone vibrates conspicuously on her table. All eyes turn to her, and the teacher questions her with his gaze:

"Is everything all right, Céline? he asks, smiling.

- Wait... It's a girl! says Céline, sobs in her voice. It's a little girl!"

The classroom resounds again with applause, making Céline and the teacher laugh. She hasn't done a thing! But she's so happy. When the students calm down, the class ends as usual, and Céline just texts Clara

Céline envoie seulement un texto à Clara pour lui annoncer la nouvelle. Puis elle demande à sa mère : « Je fais quoi, je peux venir ? Comment va Isabelle, comment s'appelle la petite, la maternité est ouverte aux visiteurs jusqu'à quelle heure, je peux apporter des fleurs ? » Cela fait beaucoup de questions et Florence rappelle sa fille. C'est mieux si elle vient demain matin, Isabelle est très fatiguée, la petite fille est très jolie, elle s'appelle Marie ; oui, elle peut apporter des fleurs, mais pas un très gros bouquet, et elle peut aussi apporter des langes, des doudous, des petites choses pour la petite. Florence a l'air très, très émue. Patrick vient de la rejoindre, et tous les deux font connaissance avec leur nouvelle petite fille.

Céline est sonnée. Clara déboule dès que ses cours sont terminés, elles se retrouvent dans un café près de la rue Duviard.

« Félicitations, tata ! lui dit Clara en souriant. Quelle journée !

- Tu m'étonnes ! J'avais presque oublié qu'Isabelle était enceinte, ça m'a fait un tel choc ! Je devais avoir l'air perdue, le prof m'a interpellée pendant le cours : toute la fac est au courant ! raconte Céline.

- Ha, génial ! s'exclame Clara. Bon, mais alors, tu y vas quand, à la maternité ?

to tell her the news. Then she asks her mother: "What should I do, can I come along? How's Isabelle, what's the little one's name, how late is the maternity ward open to visitors, can I bring flowers?" That's a lot of questions, and Florence calls her daughter back. It's best if she comes tomorrow morning, Isabelle is very tired, the little girl is very pretty, her name is Marie; yes, she can bring flowers, but not a very big bouquet, and she can also bring diapers, comforters, little things for the little one. Florence looks very, very moved. Patrick has just joined her, and the two of them get to know their new little girl.

Céline is stunned. Clara arrives as soon as her classes are over, and they meet in a café near rue Duviard.

"Congratulations, Auntie! says Clara, smiling. What a day!

- You amaze me! I'd almost forgotten that Isabelle was pregnant, it was such a shock! I must have looked a bit lost, but the teacher called me out during class: The whole university knows! says Céline.

- Oh, great! exclaims Clara. So, when are you going to the maternity ward?

- J'y vais demain matin, je saute les cours. C'est exceptionnel, tu comprends. Tu veux venir avec moi ? lui propose-t-elle.

- Eh bien, j'adorerais, si je ne suis pas de trop ? répond Clara.

- Évidemment non, tu es bête ! Tu fais partie de la famille maintenant, dit Céline.

- Bon, super. On va chercher des petits cadeaux alors ? » demande Clara.

Les deux amies partent en quête de cadeaux pour la petite fille dans les magasins de la Croix-Rousse. Clara trouve une petite peluche toute douce en forme d'écureuil avec une longue queue. Céline est tellement bouleversée qu'elle veut acheter tout ce qu'elle voit. Clara la tempère : un pyjama ? Un jouet ? Un mobile ? Elle lui rappelle qu'un cadeau suffit, et qu'elle a toute la vie devant elle pour gâter la petite Marie. Céline opte pour un joli mobile avec des poissons de toutes les couleurs. Mais elle craque aussi pour des langes tout doux et un joli collier pour Isabelle.

Le lendemain matin, Céline est réveillée à six heures. Elle ne peut pas dormir, elle a seulement hâte de rencontrer sa nièce. Elle prépare le café, range du linge, fait le reste de la vaisselle dans l'évier, prend une douche, sort Scruffles. Elle tourne en

- I'm going tomorrow morning, so I'll skip class. It's exceptional, you understand. Would you like to come with me? she suggests.

- Well, I'd love to, if it's not too much trouble? replies Clara.

- Of course not, you're silly! You're part of the family now, says Céline.

- Right, great. Shall we go and get some presents then?" asks Clara.

The two friends set off in search of gifts for the little girl in the stores of the Croix-Rousse. Clara finds a soft, squirrel-shaped stuffed toy with a long tail. Céline is so upset that she wants to buy everything she sees. Clara tempers her: pajamas? A toy? A cell phone? She reminds her that one gift is enough, and that she has her whole life ahead of her to spoil little Marie. Céline opts for a pretty mobile with colorful fish. But she also opted for soft diapers and a pretty necklace for Isabelle.

The next morning, Céline wakes up at six o'clock. She can't sleep, she just can't wait to meet her niece. She makes coffee, puts away laundry, does the rest of the dishes in the sink, takes a shower, takes Scruffles out. She spins in circles. Clara emerges

rond. Clara émerge de sa chambre à huit heures, en baillant.

« Bah alors, tu as l'air bien réveillée ! lui dit-elle en se servant un grand bol de café.

- Impossible de dormir. Je suis comme une puce ! » explique Céline.

Ce n'est qu'à neuf heures trente qu'elles commencent à partir en direction de la maternité. Sur le chemin, elles s'arrêtent pour acheter des croissants et des fleurs blanches. Quand elles arrivent sur place, elles cherchent la chambre d'Isabelle. C'est Marc qui leur ouvre la porte, souriant, les petits yeux de l'homme heureux qui n'a pas dormi de la nuit, visiblement très ému de présenter sa fille à sa petite sœur.

« Voici Marie, lui dit-il tout doucement. Elle est toute petite !

- C'est la plus belle, ajoute Isabelle, l'air épuisé et ravi.

- Oh ! Comme elle est jolie ! s'exclament les deux amies, en cœur.

- Assieds-toi, Céline. On a une question à te poser, » dit Marc.

Céline s'assoit et elle regarde la petite fille. Et Isabelle lui demande, dans un grand sourire : « Tu veux bien être la marraine ? » Céline fond en larmes

from her room at eight, yawning.

"You look wide awake, she says, pouring herself a big bowl of coffee.

- I couldn't sleep. I'm like a flea!" explains Céline.

It wasn't until 9:30 that they set off for the maternity ward. On the way, they stop to buy croissants and white flowers. When they arrive, they look for Isabelle's room. It's Marc who opens the door for them, smiling with the small eyes of a happy man who hasn't slept all night, visibly moved to introduce his daughter to his little sister.

"This is Marie, he says softly. She's so little!

- She's the most beautiful, adds Isabelle, looking exhausted and delighted.

- Oh, she's so pretty! exclaim the two friends, in unison.

- Sit down, Céline. We've got a question for you," says Marc.

Céline sits down and looks at the little girl. And Isabelle asks her, with a big smile: "Will you be the godmother?" Céline bursts into tears of happiness:

de bonheur : évidemment qu'elle veut bien être la marraine de ce petit ange !	of course she wants to be the little angel's godmother!

Questions (Bonus 2)

1. Quand Isabelle accouche-t-elle finalement ?
a) En juillet
b) Début juin
c) À la fin du mois de mai
d) Ce n'est pas mentionné

2. Comment réagit la classe lorsque Céline annonce la naissance du bébé ?
a) Ils se moquent d'elle
b) Ils restent silencieux
c) Ils applaudissent et rient
d) Ils quittent la salle de cours

3. Quel prénom est donné à la fille d'Isabelle ?
a) Margot
b) Louise
c) Marie
d) Juliette

4. Que propose Céline à Clara après avoir appris la nouvelle ?
a) D'acheter un cadeau pour le bébé
b) De l'accompagner à la maternité
c) De l'aider à préparer une fête pour la naissance
d) De lui faire un brunch pour célébrer

5. Quel titre familial est proposé à Céline par Isabelle et Marc ?
a) Marraine
b) Maman
c) Grande sœur
d) Tante

Questions (Bonus 2)

1. When does Isabelle finally give birth?
a) In July
b) Early June
c) At the end of May
d) It's not mentioned

2. How does the class react when Céline announces the baby's birth?
a) They mock her
b) They remain silent
c) They applaud and laugh
d) They leave the classroom

3. What name is given to Isabelle's baby girl?
a) Margot
b) Louise
c) Marie
d) Juliette

4. What does Céline suggest to Clara after learning the news?
a) To buy a gift for the baby
b) To accompany her to the maternity ward
c) To help her prepare a party for the birth
d) To make her a brunch to celebrate

5. What familial title is proposed to Céline by Isabelle and Marc?
a) Godmother
b) Mom
c) Big sister
d) Aunt

ANSWERS

Chapter 1
1 : b, c
2 : a
3 : d
4 : a, c
5 : c

Chapter 2
1 : c
2 : b
3 : b
4 : a
5 : d

Chapter 3
1 : b
2 : c
3 : c
4 : b
5 : c

Chapter 4
1 : d
2 : b
3 : a
4 : b
5 : c

Chapter 5
1 : c
2 : d
3 : a
4 : b
5 : c

Chapter 6
1 : d
2 : a
3 : c
4 : c
5 : a

Chapter 7
1 : c
2 : b
3 : d
4 : c
5 : a

Chapter 8
1 : a
2 : d
3 : b
4 : a
5 : c

Chapter 9
1 : d
2 : b
3 : b
4 : d
5 : a

Chapter 10
1 : c
2 : a
3 : d
4 : b
5 : c

Bonus 2 - Chapter 1
1 : b
2 : c
3 : c
4 : b
5 : a

Download the Audiobook & PDF below!

www.ingramcontent.com/pod-product-compliance
Lightning Source LLC
Chambersburg PA
CBHW072056110526
44590CB00018B/3200